護生畫集

豐子愷，弘一法師　著

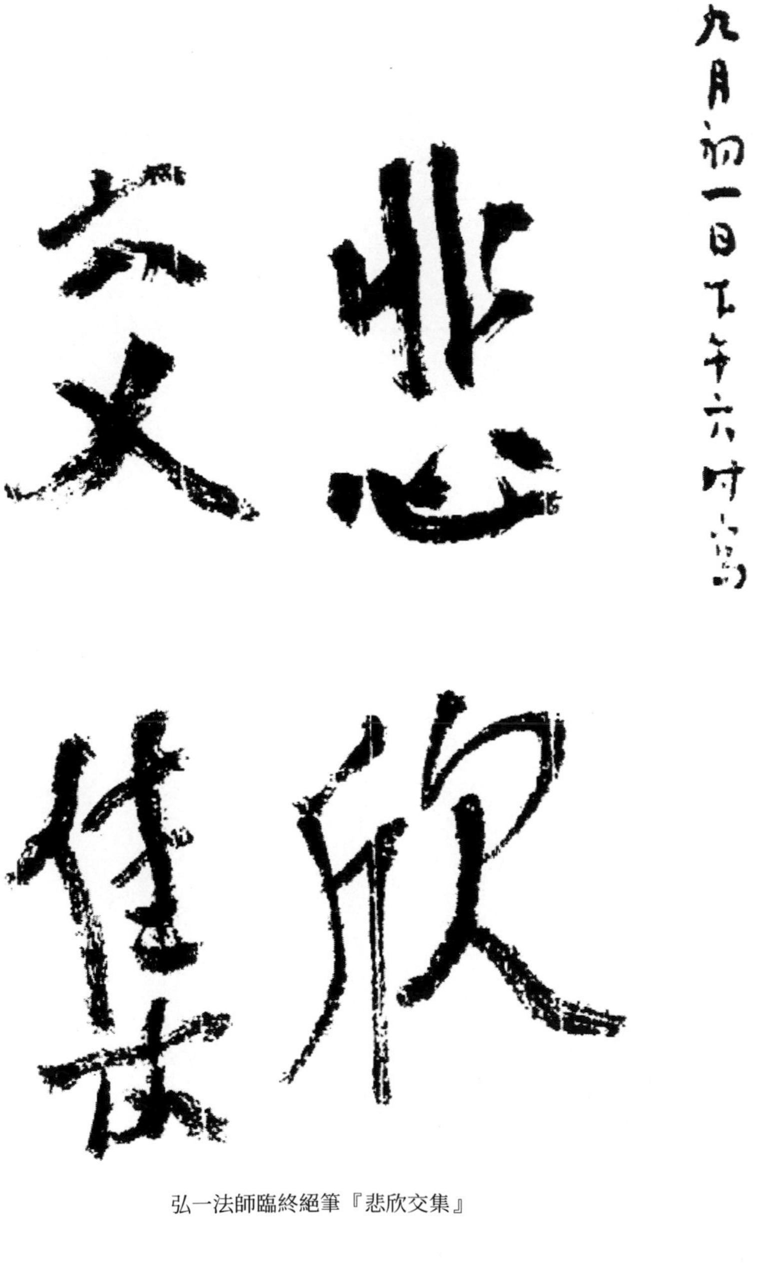

弘一法師臨終絕筆『悲欣交集』

弘一法師書法作品《放下》

特別紀念
弘一法師

目錄

特別紀念：為青年說弘一法師

護生畫集

目錄

特別紀念：
為青年說弘一法師

懷李叔同 [01]

距今二十九年前，我十七歲的時候，最初在師範學校裡見到李叔同先生，即後來的弘一法師。那時我是預科生，他是我們的音樂教師。我們上他的音樂課時，有一種特殊的感覺：嚴肅。

搖過預備鈴，我們走向音樂教室，推進門去，先吃一驚：李先生早已端坐在講臺上。以為先生總要遲到而嘴裡隨便唱著、喊著、笑著、罵著而後推進門去的同學，吃驚更是不小。他們的唱聲、喊聲、笑聲、罵聲以門檻為界限而忽然消滅。接著是低著頭，紅著臉，去端坐在自己的位子裡。端坐在自己的位子裡偷偷地仰起頭來看看，看見李先生高高的瘦削的上半身穿著整潔的黑布馬褂，露出在講桌上，寬廣得可以走馬的前額，細長的鳳眼，隆正的鼻梁，形成威嚴的表情。扁平而闊的嘴唇兩端常有深渦，顯示和藹的表情。這副相貌，用「溫而厲」三個字來描寫，大概差不多了。講桌上放著點名簿、講義，以及他的教課筆記簿、粉筆。鋼琴衣解開著，琴蓋開著，譜表擺著，琴頭上又放著一隻時錶，閃閃的金光直射到我們的眼中。黑板（是上下兩塊可以推動的）上早已清楚地寫好本課內所應寫的東西（兩塊都寫好，上塊蓋著下塊，用下塊時把上塊推開）。在這樣布置的講臺上，李先生端坐著。坐到上課鈴響出（後來我們知道他這脾氣，上音樂課必早到。故上課鈴響時，同學早已到齊），他站起身來，深深地一鞠躬，課就開始了。這樣地上課，空氣嚴肅得很。

有一個人上音樂課時不唱歌而看別的書，有一個人上音樂課時吐痰在地板上，以為李先生看不見的，其實他都知道。但他不立刻責備，等到下課後，他用很輕而嚴肅的聲音鄭重地說：「某某等一等出去。」於是這位

01　豐子愷寫於 1943 年。——編者注

某某同學只得站著。等到別的同學都出去了，他又用輕而嚴肅的聲音向這某某同學和氣地說：「下次上課時不要看別的書。」或者：「下次痰不要吐在地板上。」說過之後他微微一鞠躬，表示「你出去吧。」出來的人大都臉上發紅。又有一次下音樂課，最後出去的人無心把門一拉，碰得太重，發出很大的聲音。他走了數十步之後，李先生走出門來，滿面和氣地叫他轉來。等他到了，李先生又叫他進教室來。進了教室，李先生用很輕而嚴肅的聲音向他和氣地說：「下次走出教室，輕輕地關門。」就對他一鞠躬，送他出門，自己輕輕地把門關了。最不易忘卻的，是有一次上彈琴課的時候。我們是師範生，每人都要學彈琴，全校有五六十架風琴及兩架鋼琴。風琴每室兩架，給學生練習用；鋼琴一架放在唱歌教室裡，一架放在彈琴教室裡。上彈琴課時，十數人為一組，環立在琴旁，看李先生範奏。有一次正在範奏的時候，有一個同學放一個屁，沒有聲音，卻是很臭。鋼琴旁李先生、數十位同學全部沉浸在阿摩尼亞氣體[02]中。同學大都掩鼻或發出討厭的聲音。李先生眉頭一皺，逕自彈琴（我想他一定屏息著）。彈到後來，阿摩尼亞氣散光了，他的眉頭方才舒展。教完以後，下課鈴響了。李先生立起來一鞠躬，表示散課。散課以後，同學還未出門，李先生又鄭重地宣告：「大家等一等去，還有一句話。」大家又肅立了。李先生又用很輕而嚴肅的聲音和氣地說：「以後放屁，到門外去，不要放在室內。」接著又一鞠躬，表示叫我們出去。同學都忍著笑，一出門來，大家快跑，跑到遠處去大笑一頓。

李先生用這樣的態度來教我們音樂，因此我們上音樂課時，覺得比上其他一切課更嚴肅。同時對於音樂教師李叔同先生，比對其他教師更敬仰。那時的學校，首重的是所謂「英、國、算」，即英文、國文和算學。

02　阿摩尼亞氣體：現在指的是氨氣，有強烈刺激性的氣味，這裡指放屁後的氣味。——編者注

在別的學校裡，這三門功課的教師最有權威；而在我們這師範學校裡，音樂教師最有權威，因為他是李叔同先生。

李叔同先生為什麼能有這種權威呢？不僅因為他學問好，不僅因為他音樂好，主要的還是因為他態度認真。李先生一生的最大特點是「認真」。他對於一件事，不做則已，要做就非做得徹底不可。

他出身於富裕之家，他的父親是天津有名的銀行家。他是第五位姨太太所生。他父親生他時，年已六十八歲。他呱呱墜地後就遭父喪，又逢家庭之變，青年時就陪了他的生母南遷上海。在上海南洋公學讀書奉母時，他是一個翩翩公子。當時上海文壇有著名的滬學會，李先生應滬學會徵文，名字屢列第一。從此他就為滬上名人所器重，而交遊日廣，終以「才子」馳名於當時的上海。所以後來他母親死了，他赴日本留學的時候，作一首《金縷曲》，詞曰：「披髮佯狂走。莽中原，暮鴉啼徹，幾株衰柳。破碎河山誰收拾？零落西風依舊。便惹得離人消瘦。行矣臨流重太息，說相思刻骨雙紅豆。愁黯黯，濃於酒。漾情不斷淞波溜。恨年年，絮飄萍泊，遮難回首。二十文章驚海內，畢竟空談何有！聽匣底蒼龍狂吼。長夜西風眠不得，度群生那惜心肝剖。是祖國，忍孤負？」讀這首詞，可想見他當時豪氣滿胸，愛國熱情熾盛。他出家時把過去的照片統統送我，我曾在照片中看見過當時在上海的他：絲絨碗帽，正中綴一方白玉，曲襟背心，花緞袍子，後面掛著胖辮子，底下緞帶紮腳管，雙梁厚底鞋子，頭抬得很高，英俊之氣，流露於眉目間。真是當時上海一等的翩翩公子。

這是最初表示他的特性：凡事認真。他立意要做翩翩公子，就徹底地做一個翩翩公子。

後來他到日本，看見明治維新的文化，就渴慕西洋文明。他立刻放棄了翩翩公子的態度，改做一個留學生。他入東京美術學校，同時又入音樂學校。這些學校都是模仿西洋的，所教的都是西洋畫和西洋音樂。李先生在南洋公學時英文學得很好；到了日本，就買了許多西洋文學書。他出家時曾送我一部殘缺的原本《莎士比亞全集》，他對我說：「這書我從前細讀過，有許多筆記在上面，雖然不全，也是紀念物。」由此可想見他在日本時，對於西洋藝術全面進攻，繪畫、音樂、文學、戲劇都研究。後來他在日本創辦春柳劇社，糾集留學夥伴，並演當時西洋著名的悲劇《茶花女》（小仲馬著）。他自己把腰束小，扮作茶花女，粉墨登場。這照片，他出家時也送給我，一向歸我保藏；直到抗戰時為兵火所毀。現在我還記得這照片：卷髮，白的上衣，白的長裙拖著地面，腰身小到一把，兩手舉起托著後頭，頭向右歪側，眉峰緊蹙，眼波斜睇，正是茶花女自傷命薄的神情。另外還有許多演劇的照片，不可勝記。這春柳劇社後來迁迴中國，李先生就脫出，由另一班人去辦，便是中國最初的「話劇」社。由此可以想見，李先生在日本時，是徹頭徹尾的一個留學生。我見過他當時的照片：高帽子、硬領、硬袖、燕尾服、史的克[03]、尖頭皮鞋，加之長身、高鼻，沒有腳的眼鏡夾在鼻梁上，竟活像一個西洋人。這是第二次表示他的特性：凡事認真。學一樣，像一樣。要做留學生，就徹底地做一個留學生。

他回國後，在上海太平洋報社當編輯。不久，就被南京高等師範請去教圖畫、音樂。後來又應杭州師範之聘，同時兼任兩個學校的課，每月中半個月住南京，半個月住杭州。兩校都請助教，他不在時由助教代課。我就是杭州師範的學生。

這時候，李先生已由留學生變為「教師」。這一變，變得真徹底：漂亮的洋裝不穿了，卻換上灰色粗布袍子、黑布馬褂、布底鞋子。金絲邊眼

03　史的克：音譯同，Stick，意為「手杖」。——編者注

鏡也換了黑的鋼絲邊眼鏡。他是一個修養很深的美術家，所以對於儀表很講究。雖然布衣，卻很稱身，常常整潔。他穿布衣，全無窮相，而另具一種樸素的美。你可想見，他是扮過茶花女的，身材生得非常窈窕。穿了布衣，仍是一個美男子。「淡妝濃抹總相宜」，這詩句原是描寫西子的，但拿來形容我們的李先生的儀表，也很適用。今人侈談「生活藝術化」，大都好奇立異，非藝術的。李先生的服裝，才真可稱為生活的藝術化。他一時代的服裝，表現著一時代的思想與生活。各時代的思想與生活判然不同，各時代的服裝也判然不同。布衣布鞋的李先生，與洋裝時代的李先生、曲襟背心時代的李先生，判若三人。

　　這是第三次表示他的特性：認真。我二年級時，圖畫歸李先生教。他教我們木炭石膏模型寫生。同學一向描慣臨畫，起初無從著手。四十餘人中，竟沒有一個人描得像樣的。後來他範畫給我們看，畫畢把範畫揭在黑板上，同學們大都看著黑板臨摹。只有我和少數同學，依他的方法從石膏模型寫生。我對於寫生，從這時候開始發生興味。我到此時，恍然大悟：那些粉本原是別人看了實物而寫生出來的，我們也應該直接從實物寫生入手，何必臨摹他人，依樣畫葫蘆呢？於是我的畫進步起來。此後李先生與我接近的機會更多。因為我常去請他教畫，又教日本文，以後的李先生的生活，我所知道的較為詳細。他本來常讀性理的書，後來忽然信了道教，案頭常常放著道藏。那時我還是一個毛頭青年，談不到宗教。李先生除繪事外，並不對我談道。但我發現他的生活日漸收斂起來，彷彿一個人就要動身赴遠方時的模樣，他常把自己不用的東西送給我。他的朋友日本畫家大野隆德、河合新藏、三宅克己等到西湖來寫生時，他帶了我去請他們吃一次飯，以後就把這些日本人交給我，叫我引導他們（我當時已能講普通應酬的日本話）。他自己就關起房門來研究道學。有一天，他決定入大慈山去斷食，我有課事，不能陪去，由校工聞玉陪去。數日之後，我去望他。見他躺在床上，面容消瘦，但精神很好，對我講話，同平時差不多。他斷食共十七日，由聞玉扶起來，攝一個影，影片上端由聞玉題字：「李息翁先生斷食後之像，侍子聞玉題。」這照片後來製成明信片分送朋友。像的下面用鉛字排印著：「某年月日，入大慈山斷食十七日，身心靈化，歡樂康強 —— 欣欣道人記。」李先生這時候已由「教師」一變而為「道人」了。

學道就斷食十七日，也是他凡事「認真」的表示。

但他學道的時候很短。斷食以後，不久他就學佛。他自己對我說，他的學佛是受馬一浮先生指示的。出家前數日，他同我到西湖玉泉去看一位程中和先生。這程先生原來是當軍人的，現在退伍，住在玉泉，正想出家為僧。李先生和他談得很久。此後不久，我陪大野隆德到玉泉去投宿，看見一個和尚坐著，正是這位程先生。我想稱他「程先生」，覺得不合；想稱他法師，又不知道他的法名（後來知道是弘傘）。一時周章得很。我回去對李先生講了，李先生告訴我，他不久也要出家為僧，就做弘傘的師弟。我愕然不知所對。過了幾天，他果然辭職，要去出家。出家的前晚，他叫我和同學葉天瑞、李增庸三人到他的房間裡，把房間裡所有的東西送給我們三人。

第二天，我們三人送他到虎跑。我們回來分得了他的「遺產」。再去望他時，他已光著頭皮，穿著僧衣，儼然一位清臒的法師了。我從此改口，稱他為「法師」。法師的僧臘二十四年。這二十四年中，我顛沛流離，他一貫到底，而且修行功夫愈進愈深。當初修淨土宗，後來又修律宗。律宗是講究戒律的，一舉一動，都有規律，嚴肅認真之極。這是佛門中最難修的一宗。數百年來，傳統斷絕，直到弘一法師方才復興，所以佛門中稱他為「重興南山律宗第十一代祖師」。他的生活非常認真。舉一例說：有一次我寄一卷宣紙去，請弘一法師寫佛號，宣紙多了些，他就來信問我，餘多的宣紙如何處置？

又有一次，我寄回件郵票去，多了幾分，他把多的幾分寄還我。以後我寄紙或郵票，就預先聲明：餘多的送與法師。有一次他到我家。我請他籐椅子裡坐。他把籐椅子輕輕搖動，然後慢慢地坐下去。起先我不敢問。後來看他每次都如此，我就啟問。法師回答我說：「這椅子裡頭，兩根藤之間，也許有小蟲伏著。突然坐下去，要把它們壓死，所以先搖動一下，慢慢地坐下去，好讓它們走避。」讀者聽到這話，也許要笑。但這正是做人極度認真的表示。

如上所述，弘一法師由翩翩公子一變而為留學生，又變而為教師，三變而為道人，四變而為和尚。每做一種人，都做得十分像樣。好比全能的優伶，起青衣像個青衣，起老生像個老生，起大面又像個大面……都是「認真」的緣故。

現在弘一法師在福建泉州圓寂了。噩耗傳到貴州遵義的時候，我正在束裝，將遷居重慶。我發願到重慶後替法師畫像一百幀，分送各地信善，刻石供養。現在畫像已經如願了。

我和李先生在世間的師弟塵緣已經結束，然而他的遺訓——認真——永遠銘刻在我心頭。

一九四三年四月

弘一法師圓寂後一百六十七日，作於四川五通橋客棧

弘一法師座下：今日為
法師六十壽辰，弟子茲續繪護生畫集一冊計六十幅，於今
日起草完竣，正在請 師友批評刪改，明日起用宣紙正式
描繪，預計九月廿六日（弟子生日）可以付郵寄奉，敬乞
指教，並加題詞，交李居士付印。先此奉稟。憶十餘年
前在江灣寓樓得侍左右欣逢
法師壽辰，越六日為弟子生日，於樓下披霞娜（piano）旁歸
依 佛法，多蒙 開示，情景憬然在目。十餘年來，奔走
衣食，法業無成，思之不勝慚愧。所幸
法體康健，慈光遠被，使弟子在顛沛流離之中，不失其所
依仰也。敬祝
無量壽。

民國廿八年古曆九月二日 弟子豐嬰行頂禮。

豐子愷致弘一法師的信

弘一法師座下：

今日為法師六十壽辰。弟子敬繪《續護生畫集》一冊計六十幅，於今日起草完竣，正在請師友批評刪改，明日起用宣紙正式描繪，預計九月廿六日（即弟子生日）可以付郵寄奉，敬乞指教，並加題詞，交李居士付印。先此奉稟。憶十餘年前在江灣寓樓得侍左右，欣逢法師壽辰。越六日為弟子生日，於樓下披霞娜（piano）[04]旁歸依佛法，多蒙開示，情景憬然在目。十餘年來，奔走衣食，德業無成，思之不勝惶悚。所幸法體康健，慈光遠被，使弟子在顛沛流離之中，不失其所仿仰也。敬祝無量壽。

民國廿八年古曆九月二十日

弟子豐嬰行頂禮

04　指鋼琴。

解讀「豐子愷致弘一法師的信」背後的故事

弘一法師在俗時名李叔同，是我父親的老師。一九一四年父親考進浙江省立第一師範學校，五年後畢業。李叔同先生就在這學校任教圖畫、音樂。父親在李先生的指引下，走上了藝術的道路。一九一八年，李先生出家為僧。父親原來就對人生問題感到困惑，這時受了弘一法師的影響，開始信仰佛教，終於於一九二七年在上海江灣寓所的鋼琴旁從弘一法師皈依佛門，法名嬰行。

這封信寫於一九三九年十一月一日。當時我們住在廣西，父親與諸兄姐在宜山，我和幼小的弟弟隨母親、外婆等住在思恩。

信中所提《續護生畫集》，是父親為弘一法師祝整壽而作的畫集，共六冊。一九二九年出版第一冊，字畫各五十幅，為弘一法師祝五十歲壽辰。這第二冊出版於一九四〇年，字畫各六十幅。第一、二冊的字均為弘一法師所寫。第三冊出版於一九五〇年，那時弘一法師已去世，是書法家葉恭綽寫的字，字畫各七十幅。第四冊出版於一九六〇年，字畫各八十幅。第五冊提早於一九六五年出版，字畫各九十幅。第六冊更是提早於一九七三年畫成。於父親去世四年後，即一九七九年出版，字畫各一百幅。第四、六冊是朱幼蘭居士寫的字，第五冊是虞愚居士寫的字。第四至六冊均在新加坡出版。全套護生畫集的出版年代，橫跨了整整半個世紀。父親的這部重要作品，展現出了他和弘一法師誠摯深切的師生情緣。原稿字畫各四百五十幅已由新加坡廣洽法師捐贈給浙江省博物館。

這封信附刊在《續護生畫集》後面，是毛筆所寫的手跡製版，在今日可謂極其珍貴的資料。

豐一吟

李叔同先生的愛國精神[05]

三月七日的《文匯報》上載著黃炎培先生的一篇文章《我也來談談李叔同先生》。我讀了之後，也想「也來談談」。今年正是弘一法師（即李叔同先生）逝世十五周年，我就寫這篇小文來表示紀念吧。

黃炎培先生這篇文章裡指出李叔同先生青年時代的愛國思想，並附刊李叔同先生親筆自撰的《祖國歌》的圖譜。我把這歌唱了一遍，似覺年光倒流，心情回到了少年師範的時候，早已在小學裡唱過這《祖國歌》。我的少時代，正是中國外患日逼的時期。如黃先生文中所說：一八九四年甲午之戰敗於日本，一八九五年割地賠款與日本講和，一八九七年德占膠州灣，一八九八年英占威海衛，一八九九年法占廣州灣，一九〇〇年八國聯軍占北京，一九〇一年訂約賠款講和。——我的少年時代正在這些國恥之後。那時民間曾經有「抵制美貨」、「抵制日貨」、「勸用國貨」等運動。我在小學裡唱到這《祖國歌》的時候，正是「勸用國貨」的時期。我唱到「上下數千年，一脈延，文明莫與肩；縱橫數萬裡，膏腴地，獨享天然利」的時候，和同學們肩了旗子排隊到街上去宣傳「勸用國貨」時的情景，憬然在目。我們排隊遊行時唱著歌，李叔同先生的《祖國歌》正是其中之一。但當時我不知道這歌的作者是誰。

後來我小學畢業，考進了杭州師範，方才看見《祖國歌》的作者李叔同先生。愛國運動，勸用國貨宣傳，依舊盛行在杭州師範中。我們的教務長王更三先生是號召力最強的人，常常對我們作慷慨激昂的訓話，勸大家愛用國貨，挽回利權。我們的音樂圖畫教師李叔同先生是徹底實行的人，他脫下了洋裝，穿一身布衣：灰色雲章布（就是和尚們穿的布）袍子，

05　本篇曾載於 1957 年 3 月 29 日《人民日報》，豐子愷作。——編者注

黑布馬褂。然而因為他是美術家，衣服的形式很稱身，色彩很調和，所以雖然布衣草裳，還是風度翩然。後來我知道他連寬緊帶也不用，因為當時寬緊帶是外國貨。他出家後有一次我送他些僧裝用的粗布，因為看見他用麻繩束襪子，又買了些寬緊帶送他。他受了粗布，把寬緊帶退還我，說：「這是外國貨。」我說：「這是國貨，我們已經能夠自造。」他這才受了。他出家後，又有一次從溫州（或閩南）寫信給我，要我替他買些英國制的朱砂（vermilion），信上特別說明，此雖洋貨，但為宗教文化，不妨採用。因為當時英國水彩顏料在全世界為最佳，永不褪色。他只有為了寫經文佛號，才不得不破例用外國貨。關於勸用國貨，王更三先生現身說法，到處宣講；李叔同先生則默默無言，身體力行。當時我們杭州師範裡的愛國空氣很濃重，正為了有這兩位先生的緣故。王更三先生現在健在上海，一定能夠回味當時的情況。

李叔同先生三十九歲上——這正是歐洲大戰發生，日本提出二十一條，袁世凱稱帝，粵桂戰爭，湘鄂戰爭，直奉戰爭，國內烏煙瘴氣的期間——辭去教職，遁入空門，就變成了弘一法師。弘一法師剃度前夕，送我一個親筆自撰的詩詞手卷，其中有一首《金縷曲》，題目是《將之日本，留別祖國，並呈同學諸子》。全文如下：

> 披髮佯狂走。莽中原，暮鴉啼徹，幾株衰柳。破碎河山誰收拾？零落西風依舊。便惹得離人消瘦。行矣臨流重太息，說相思刻骨雙紅豆。愁黯黯，濃於酒。
>
> 漾情不斷淞波溜。恨年年，絮飄萍泊，遮難回首。二十文章驚海內，畢竟空談何有！聽匣底蒼龍狂吼。長夜西風眠不得，度群生那惜心肝剖！聽……是祖國，忍孤負？

我還記得他展開這手卷來給我看的時候，特別指著這闋詞，笑著對我說：「我作這闋詞的時候，正是你的年紀。」當時我年幼無知，漠然無動於衷。現在回想，這暗示著：被惡劣的環境所迫而遁入空門的李叔同先生的冷寂的心底裡，一點愛國熱忱的星火始終沒有熄滅！

在文藝方面說，李叔同先生是中國最早提倡話劇的人，最早研究油畫的人，最早研究西洋音樂的人。去年紀念日本的雪舟法師的時候，我常常想起：在文藝上，弘一法師和日本的雪舟法師非常相似。雪舟法師留學中國，把中國的宋元水墨畫法輸入日本；弘一法師留學日本，把現代的話劇、油畫和鋼琴音樂輸入中國。弘一法師對中國文藝界的貢獻，實在不亞於雪舟法師對日本文藝界的貢獻！雪舟法師在日本有許多紀念建設。我希望中國也有弘一法師的紀念建設。弘一法師的作品、紀念物，現在分散在他的許多朋友的私人家裡，常常有人來信問我有沒有紀念館可以交送，杭州的堵申甫老先生便是其一。今年是弘一法師逝世十五周年紀念，又是他所首倡的話劇五十周年紀念。我希望在弘一法師住居最久而就地出家的杭州，有一個紀念館，可以永久保存關於他的文獻，可以永久紀念這位愛國藝僧。

一九五七年三月十二日於上海作

李叔同先生的教育精神[06]

在四十幾年前，我做中小學生的時候，圖畫、音樂兩科在學校裡最被忽視。那時學校裡最看重的是所謂英、國、算，即英文、語文、算術，而最看輕的是圖畫、音樂。因為在不久以前的科舉時代的私塾裡，畫圖和唱曲子被先生知道了要打手心的。因此，圖畫、音樂兩科，在課程表裡被認為一種點綴，好比中藥方裡的甘草、紅棗；而圖畫、音樂教師在教職員中也地位最低，好比從前京戲裡的跑龍套的。因此學生上英、國、算時很用心，而上圖畫、音樂課時很隨便，把它當作遊戲。

然而說也奇怪，在我所進的杭州師範裡（即現在貢院前的杭州第一中學的校址），有一時情形幾乎相反：圖畫、音樂兩科最被看重，校內有特殊設備（開天窗，有畫架）的圖畫教室和獨立專用的音樂教室（在校園內），置備大小五六十架風琴和兩架鋼琴。課程表裡的圖畫、音樂鐘點雖然照當時規定，並不增多，然而課外圖畫、音樂學習的時間比任何功課都勤：下午四時以後，滿校都是琴聲，圖畫教室裡不斷地有人在那裡練習石膏模型木炭畫，光景宛如一藝術專科學校。

這是什麼緣故呢？就因為我們學校裡的圖畫、音樂教師是學生所最崇敬的李叔同先生。李叔同先生何以有這樣的法力呢？是不是因為他多才多藝，能演話劇，能作油畫，能彈貝多芬，能作六朝文，能吟詩，能填詞，能寫篆書魏碑，能刻金石呢？非也。他之所以能受學生的崇敬，而能使當時被看輕的圖畫、音樂科被重視，完全是因為他的教育精神的關係：李叔同先生的教育精神是認真的、嚴肅的、獻身的。

夏丏尊先生曾經指出李叔同先生做人的一個特點，他說：「做一樣，

06　本篇曾載於 1957 年 5 月 14 日《杭州日報》，豐子愷作。——編者注

像一樣。」李先生的確做一樣像一樣：少年時做公子，像個翩翩公子；中年時做名士，像個風流名士；做話劇，像個演員；學油畫，像個美術家；學鋼琴，像個音樂家；辦報刊，像個編者；當教員，像個老師；做和尚，像個高僧。李先生何以能夠做一樣像一樣呢？就是因為他做一切事都「認真地、嚴肅地、獻身地」做的緣故。

李先生一做教師，就把洋裝脫下，換了一身布衣：灰色布長衫，黑布馬褂，金邊眼鏡換了鋼絲邊眼鏡。對學生的態度常是和藹可親的，從來不罵人。學生犯了過失，他當時不說，過後特地叫這學生到房間裡，和顏悅色、低聲下氣地開導他。態度的謙虛與鄭重，使學生非感動不可。記得有一個最頑皮的同學說：「我情願被夏木瓜罵一頓，李先生的開導真是吃不消，我真想哭出來。」原來夏丏尊先生也是學生所崇敬的教師，但他對學生的態度和李先生不同，心直口快，學生生活上大大小小的事情他都要管，同母親一般愛護學生，學生也像母親一般愛他，深知道他的罵是愛。因為他的頭像木瓜，給他取個綽號叫作夏木瓜，其實不是綽號，是愛稱。李先生和夏先生好像我們的父親和母親。

李先生上一小時課，預備的時間恐怕要半天，他因為要最經濟地使用這五十分鐘，所以凡本課中所必須在黑板上寫出的東西，都預先寫好。黑板是特製的雙重黑板，用完一塊，把它推開，再用第二塊，上課鈴沒有響，李先生早已端坐在講壇上「恭候」學生，因此學生上圖畫、音樂課絕不敢遲到。往往上課鈴未響，先生、學生都已到齊，鈴聲一響，李先生站起來一鞠躬，就開始上課。他上課時常常看錶，精密地依照他所預定的教案進行，一分一秒鐘也不浪費。足見他備課是很費心力和時間的。

吃早飯以前的半小時，吃午飯至上課之間的三刻鐘，以及下午四時以後直至黃昏就睡 —— 這些都是圖畫、音樂的課外練習時間。這兩課在性質上都需要個別教學，所以學生在課外按照排定的時間輪流地去受教，但是李先生是「觀音齋羅漢」，有時竟一天忙到夜。我們學生吃中飯和夜飯，至多只費十五分鐘，因為正午十二點一刻至一點，下午六點一刻至七點，都是課外練習時間。李先生的中飯和夜飯必須提早，因為他還須對症發藥地預備個別教授。李先生拿全部的精力和時間來當教師，李先生的教育精神真正是獻身的！這樣，學生安得不崇敬他，圖畫、音樂安得不被重視！

李先生的獻身的教育精神，還不止上述，夏丏尊先生曾經有一段使人吃驚的記述，現在就引證來結束我的話：

「我擔任舍監職務，兼教修身課，時時感覺對學生感化力不足。他（指李先生 —— 豐注）教的是圖畫、音樂兩科。這兩種科目，在他未到以前，是學生所忽視的。自他任教以後，就忽然被重視起來，幾乎把全校學生的注意力都牽引過去了。課餘但聞琴聲歌聲，假日常見學生出外寫生，這原因一半當然是他對這二科實力充足，一半也由於他的感化力大。只要提起他的名字，全校師生以及工役沒有人不起敬的。他的力量，全由誠敬中發出，我只好佩服他，不能學他。舉一個實例來說，有一次宿舍裡學生失了財物，大家猜測是某一個學生偷的，檢查起來，卻沒有得到證據。我身為舍監，深覺慚愧苦悶，向他求教；他所指示我的方法，說也怕人，教我自殺！他說：『你肯自殺嗎？你若出一張布告，說做賊者速來自首，如三日內無自首者，足見舍監誠信未孚，誓一死以殉教育，果能這樣，一定可以感動人，一定會有人來自首。 —— 這話須說得誠實，三日後如沒有人自首，真非自殺不可。否則便無效力。』這話在一般人看來是過分之辭，他說來的時候，卻是真心的流露，並無虛偽之意。我自慚不能照行，向他笑謝，他當然也不責備我……」（見夏丏尊所寫《弘一法師之出家》一文）

李叔同先生的文藝觀——先器識而後文藝[07]

李叔同先生，即後來在杭州虎跑寺出家為僧的弘一法師，是中國近代文藝的先驅者。早在五十年前，他首先留學日本，把現代的話劇、油畫和鋼琴音樂介紹到中國來。中國的話劇、油畫和鋼琴音樂，是從李先生開始的。他富有文藝才能，除上述三種藝術外，又精書法、工金石（現在西湖西泠印社石壁裡有「叔同印藏」），長於文章詩詞。文藝的園地，差不多被他走遍了。一般人因為他後來做和尚，不大注意他的文藝。今年是李先生逝世十五周年紀念，又是中國話劇五十周年紀念，我追慕他的文藝觀，略談如下：

> 李先生出家之後，別的文藝都摒除，只有對書法和金石不能忘情。他常常用精妙的筆法來寫經文佛號，蓋上精妙的圖章。有少數圖章是自己刻的，有許多圖章是他所贊善的金石家許霏（晦廬）刻的。他在致晦廬的信中說：人剃染已來二十餘年，於文藝不復措意。世典亦云：「士先器識而後文藝」，況乎出家離俗之侶；朽人昔嘗誡人云：「應使文藝以人傳，不可人以文藝傳」，即此義也。承刊三印，古穆可喜，至用感謝……[08]

這正是李先生文藝觀的自述，「先器識而後文藝」、「應使文藝以人傳，不可人以文藝傳」，正是李先生的文藝觀。

四十年前我是李先生在杭州師範任教時的學生，曾經在五年間受他的文藝教育，現在我要回憶往昔。李先生雖然是一個演話劇、畫油畫、彈鋼琴、作文、吟詩、填詞、寫字、刻圖章的人，但在杭州師範的宿舍（即今貢院杭州一中）裡的案頭，常常放著一冊《人譜》（明．劉宗周著）。書

07　本文為豐子愷所作。——編者注

08　詳細內容見林子青編《弘一大師年譜》第 205 頁。——編者注

中列舉古來許多賢人的嘉言懿行，凡數百條。這書的封面上，李先生親手寫著「身體力行」四個字，每個字旁加一個紅圈，我每次到他房間裡去，總看見案頭的一角放著這冊書。當時我年幼無知，心裡覺得奇怪，李先生專精西洋藝術，為什麼看這些陳貓古老鼠，而且把它放在左右？後來李先生當了我們的級任教師，有一次叫我們幾個人到他房間裡去談話，他翻開這冊《人譜》來指出一節給我們看：

> 期許其貴顯，裴行儉見之，曰：士之致遠者，當先器識而後文藝。勃等雖有文章，而浮躁淺露，豈享爵祿之器耶……（見《人譜》卷五，這一節是節錄《唐書．裴行儉傳》的）

他紅著臉，吃著口（李先生是不善講話的），把「先器識而後文藝」的意義講解給我們聽，並且說明這裡的「顯貴」和「享爵祿」不可呆板地解釋為做官，應該解釋為道德高尚、人格偉大的意思。「先器識而後文藝」，譯為現代話，大約是「首重人格修養，次重文藝學習」，更具體地說：「要做一個好文藝家，必先做一個好人。」可見李先生平日致力於演劇、繪畫、音樂、文學等文藝修養，同時更致力於「器識」修養。他認為一個文藝家倘沒有「器識」，無論技術何等精通熟練，亦不足道，所以他常誡人「應使文藝以人傳，不可人以文藝傳」。

我那時正熱衷於油畫和鋼琴技術，這一天聽了他這番話，心裡好比新開了一個明窗，真是勝讀十年書。從此我對李先生更加崇敬了。後來李先生在出家前夕把這冊《人譜》連同別的書送給我。我一直把它保藏在緣緣堂中，直到抗戰時被炮火所毀。我避難入川，偶在成都舊攤上看到一部《人譜》，我就買了，直到現在還保存在我的書架上，不過上面沒有加紅圈的「身體力行」四個字了。

李先生因為有這樣的文藝觀，所以他富有愛國心，一向關心祖國。孫中山先生辛亥革命成功的時候，李先生（那時已在杭州師範任教）填一曲慷慨激昂的《滿江紅》，以志慶喜：

> 仇多少！雙手裂開鼷鼠膽，寸金鑄出民權腦。算此生不負是男兒，頭顱好。荊軻墓，咸陽道。聶政死，屍骸暴。盡大江東去，餘情還繞。魂魄化成精衛鳥，血華濺作紅心草。看從今、一擔好山河，英雄造。[09]

李先生這樣熱烈地慶喜河山的光復，後來怎麼捨得拋棄這「一擔好山河」而遁入空門呢？我想，這也彷彿是屈原為了楚王無道而憂國自沉吧！假定李先生在「靈山勝會」上和屈原相見，我想一定拈花相視而笑。

09 詳細內容見《弘一大師年譜》第 39 頁。——編者注

中國話劇首創者李叔同先生[10]

話劇家徐半梅先生告訴我，說明年是中國話劇創行五十周年紀念。他要我物色中國話劇首創者李叔同先生的戲裝照片。我答允他一定辦到。我雖然不會話劇，卻知道李叔同先生。所以想在五十周年紀念的前夕說幾句話，作為預祝。

李叔同先生，是我在杭州浙江兩級師範的美術、音樂教師。我畢業的一年，親送他進西湖虎跑寺出家為僧，此後他就變成了弘一法師。弘一法師三十九歲上出家為僧，專修淨土宗和律宗二十餘年，六十三歲（一九四二年）上在福建泉州逝世。他出家以前是一位藝術家，今略敘其生平如下：

李先生於光緒九年（一八八〇年）陰曆九月二十日生於天津。父親是從事銀錢業的，六十八歲上才生他。母親是側室，生他的時候還只二十多歲。不久父親逝世。他青年時候奉母遷居上海，曾入南洋公學，從蔡元培先生受業，與邵力子、謝無量先生等作同學。同時參加滬學會、南社。所發表的文章驚動上海文壇。他後來所作的《金縷曲》中所謂「二十文章驚海內，畢竟空談何有」，便是當時的自述。不久母親逝世，他就東遊日本，入東京美術學校研習油畫，又從師研習鋼琴音樂，同時又在東京創辦春柳劇社，共事者有曾存吳、歐陽予倩、謝抗白、李濤痕等。所演出的話劇有《黑奴籲天錄》、《茶花女遺事》、《新蝶夢》、《血蓑衣》、《生相憐》等。李叔同先生自己扮演旦角：《黑奴籲天錄》中的愛美柳夫人及《茶花女遺事》中的茶花女。

這時候中國還沒有話劇。李先生在東京創辦春柳劇社，是中國人演話

10　本篇曾載於 1956 年 11 月 3 日上海《文匯報》，豐子愷作。—— 編者注

劇的開始。據我所知，他在東京時為了創辦話劇社，曾經花了不少錢。他父親給他的遺產不下十萬元，大半是花在美術音樂研究和話劇創辦上的。後來李先生回國，春柳劇社也遷回中國。但他回國後不再粉墨登場，先在故鄉天津擔任工業專門學校教師，後來又回到上海，擔任《太平洋報》文藝編輯，轉任南京高等師範和浙江官立兩級師範學堂的美術、音樂教師。春柳社在中國演出時，上海市通志館期刊第二年第三期上曾經登載一篇《春柳劇場開幕宣言》，宣言中說：「民國三年四月十五日，春柳劇社假南京路外灘謀得利開幕。……溯自乙巳、丙午間，曾存吳、李叔同、謝抗白、李濤痕等，留學扶桑，慨祖國文藝之墮落，亟思有以振之，顧數人之精力有限，而文藝之類別綦繁。兼營並失，不如一志而冀有功。於是春柳社出現於日本之東京。是為國人研究新戲之始，前此未嘗有也。未幾，徐淮告災，消息傳至海外，同人演巴黎茶花女遺事，集資賑之。日人驚為創舉，嘖嘖稱道，新聞紙亦多諛辭。是年夏，休業多暇，相與討論進行之法，推李叔同、曾存吳主社事，得歐陽予倩等為社員。次年春，春陽社發現於上海，同人慶祖國響應有人，益不敢自菲薄，謀所以擴大。……」這便是五十年前的中國話劇界情況。

李先生雖然回國後不再演劇，但他對劇藝富有研究，為歐陽予倩先生所稱道。他說：「老實說，那時候對於藝術有見解的，只有息霜（李叔同先生的別號 —— 豐注）。他於中國辭章很有根底，會畫，會彈鋼琴，字也寫得好。……他往往在畫裡找材料，很注重動作的姿勢。他有好些頭套和衣服，一個人在房裡打扮起來照鏡子，自己當模特兒供自己研究，得了結果，就根據著這結果，設法到臺上去演……」[11] 因此他上臺表演也非常出色，為日本人所讚譽。當時日本的《芝居雜誌》（即戲劇雜誌）中曾經

11　詳細內容見林子青編《弘一大師年譜》第二十七頁。—— 編者注

登載日本人松居松翁[12]所寫的一篇文章，其中說:「中國的俳優，使我佩服的，便是李叔同君。當他在日本時，雖然僅是一位留學生，但他所組織的『春柳社』劇團，在樂座上演《椿姬》（即《茶花女》——豐注）一劇，實在非常好。不，與其說這個劇團好，寧可說就是這位飾椿姬的李君演得非常好。……李君的優美婉麗，決非日本的俳優所能比擬。」[13]

這是我所知道的中國話劇首創者李叔同先生。話劇在中國已經創行了近五十年。在這期間，尤其是在中華人民共和國成立後，由於許多話劇專家的研究改良、發揚光大，現在已經大大地進步，成為一種最有表現力、最容易感動人、最為全國人民所喜歡的藝術。然而飲水思源，我們不得不紀念它的首創者李叔同先生。五十年前，歐化東漸的時候，第一個出國去研習油畫、西洋音樂和話劇的是李叔同先生。第一個把油畫、西洋音樂和話劇介紹到中國來的，是李叔同先生。只因他自己的油畫和作曲不多，而且大都散失，又因為他自己從事話劇的時期不長，而且三十九歲上就摒除文藝，遁入空門，因此現今的話劇觀者大都不知道李叔同先生，所以我覺得有介紹的必要。

李先生的骨灰供在杭州西湖虎跑寺，十年不得安葬。前年，一九五四年，我和葉聖陶、章雪村、錢君匋諸君各捨淨財，替他埋葬在虎跑寺後面的山坡上，又在上面建造一個石塔[14]，由黃鳴祥君監工、宋雲彬君指導，請馬一浮老先生題字，藉以紀念這位藝僧。並且請滬上畫家畫了一大幅弘一法師遺像，又請好幾位畫家合作兩巨幅山水風景畫，再由我寫一副對聯，掛在石塔下面的桂花廳上，藉以裝點湖山美景。（然而不知為什麼，遺像早已不知被誰除去了。）為了造塔，黃鳴祥君向杭州當局奔走申請，

12 松居松翁（1870 － 1933），日本劇作家。——編者注

13 詳細內容見《弘一大師年譜》第 30 頁。——編者注

14 石塔於 1953 年秋籌建，1954 年 1 月 10 日舉行落成典禮。——編者注

費了不少的麻煩，好容易獲得了建塔的許可。然而我們幾個私人的努力，總是有限，不過略微保留一些遺念，幾乎使這位藝壇功人不致湮沒無聞而已。這是西湖的勝跡，杭州的光榮！我很希望杭州當局能加以相當的注意、保護、表揚，所以乘此話劇五十周年紀念前夕，寫這篇文章紀念李叔同先生，並且慶祝話劇藝術萬歲！

一九五六年十月十六日於上海

我與弘一法師[15]

—— 廈門佛學會講稿，民國三十七年十一月廿八日

弘一法師是我學藝術的教師，又是我信宗教的導師。我的一生，受法師影響很大。廈門是法師近年經行之地，據我到此三天內所見，廈門人士受法師的影響也很大；故我與廈門人士不啻都是同窗弟兄。今天佛學會邀我演講，我慚愧修養淺薄，不能講弘法利生的大義，只能把我從弘一法師學習藝術、宗教時的舊事，向諸位同窗弟兄談談，還請賜我指教。

我十七歲入杭州浙江第一師範，廿歲[16]畢業以後沒有升學。我受中等學校以上學校教育，只此五年。這五年間，弘一法師，那時稱為李叔同先生，便是我的圖畫、音樂教師。圖畫、音樂兩科，在現在的學校裡是不很看重的；但是奇怪得很，在當時我們的那個浙江第一師範裡，看得比英文、語文、算術還重。我們有兩個圖畫專用的教室、許多石膏模型、兩架鋼琴、五十幾架風琴。我們每天要花一小時去練習圖畫，花一小時以上去練習彈琴。大家認為當然，恬不為怪，這是什麼緣故呢？因為李先生的人格和學問，統治了我們的感情，折服了我們的心。他從來不罵人，從來不責備人，態度謙恭，同出家後完全一樣，然而個個學生真心地怕他，真心地學習他，真心地崇拜他。我便是其中之一人。因為就人格講，他當教師不為名利，為當教師而當教師，用全副精力去當教師。就學問講，他博學多能，其語文比語文先生更高，其英文比英文先生更高，其歷史比歷史先生更高，其常識比博物先生更富，又是書法、金石的專家，中國話劇的鼻祖。他不是只能教圖畫、音樂，他是拿許多別的學問為背景而教他的圖

15　本篇曾載於 1948 年 12 月 12 日《京滬週刊》第 2 卷第 99 期。

16　作者（豐子愷）22 歲畢業於浙江省立第一師範學校。—— 編者注

畫、音樂。夏丏尊先生曾經說：「李先生的教師，是有後光的。」像佛、菩薩那樣有後光，怎不教人崇拜呢？而我對他的崇拜，更甚於他人。大約是我的氣質與李先生有一點相似，凡他所歡喜的，我都歡喜。我在師範學校，一二年級都考第一名；三年級以後忽然降到第二十名，因為我曠廢了許多師範生的功課，而專心於李先生所喜的文學藝術，一直到畢業。畢業後我無力升大學，借了些錢到日本去遊玩，沒有進學校，看了許多畫展，聽了許多音樂會，買了許多文藝書。一年後回國，一方面當教師，一方面埋頭自習，一直自習到現在，對李先生的藝術還是迷戀不舍。李先生早已由藝術而昇華到宗教而成正果，而我還彷徨在藝術、宗教的十字街頭，自己想想，真是一個不肖的學生。

他怎麼由藝術昇華到宗教呢？當時人都詫異，以為李先生受了什麼刺激，忽然「遁入空門」了。我卻能理解他的心，我認為他的出家是當然的。我以為人的生活，可以分作三層：一是物質生活，二是精神生活，三是靈魂生活。物質生活就是衣食。精神生活就是學術文藝。靈魂生活就是宗教。「人生」就是這樣的一個三層樓。懶得（或無力）走樓梯的，就住在第一層，即把物質生活弄得很好，錦衣玉食，尊榮富貴，孝子慈孫，這樣就滿足了。這也是一種人生觀。抱這樣的人生觀的人，在世間占大多數。其次，高興（或有力）走樓梯的，就爬上二層樓去玩玩，或者久居在裡頭。這就是專心學術文藝的人。他們把全力貢獻於學問的研究，把全心寄託於文藝的創作和欣賞。這樣的人，在世間也很多，即所謂「知識份子」、「學者」、「藝術家」。還有一種人「人生欲」很強，腳力很大，對二層樓還不滿足，就再走樓梯，爬上三層樓去。這就是宗教徒了。他們做人很認真，滿足了「物質欲」還不夠，滿足了「精神欲」還不夠，必須探求人生的究竟。他們以為財產子孫都是身外之物，學術文藝都是暫時的美景，連自己的身體都是虛幻的存在。他們不肯做本能的奴隸，必須追究靈魂的來源，宇宙的根本，這才能滿足他們的「人生欲」。這就是宗教徒。世間就不過這三種人。我雖用三層樓為比喻，但並非必須從第一層到第二層，然後得到第三層。有很多人，從第一層直上第三層，並不需要在第二層勾留。還有許多人連第一層也不住，一口氣跑上三層樓。不過我們的弘一法師，是一層一層地走上去的。弘一法師的「人生欲」非常之強！他的做人，一定要做得徹底。他早年對母盡孝，對妻子盡愛，安住在第一層樓中。中年專心研究藝術，發揮多方面的天才，便是遷居在二層樓了。強大的「人生欲」不能使他滿足於二層樓，於是爬上三層樓去，做和尚，修淨土，研戒律，這是當然的事，毫不足怪的。做人好比喝酒：酒量小的，喝一杯花雕酒已經醉了，酒量大的，喝花雕嫌淡，必須喝高粱酒才能過癮。文藝好比是花雕，宗教好比是高粱。弘一法師酒量很大，喝花雕不能過癮，必須喝高粱。我酒量很小，只能喝花雕，難得喝一口高粱而已。但喝花雕的人，頗能理解喝高粱者的心。故我對於弘一法師的由藝術昇華到宗教，一向認為當然，毫不足怪的。

藝術的最高點與宗教相接近。二層樓的扶梯的最後頂點就是三層樓，所以弘一法師由藝術昇華到宗教，是必然的事。弘一法師在閩中，留下不少的墨寶。這些墨寶，在內容上是宗教的，在形式上是藝術的——書法。閩中人士久受弘一法師的薰陶，大都富有宗教信仰及藝術修養。我這初次入閩的人，看見這情形，非常歆羨，十分欽佩！

前天參拜南普陀寺，承廣洽法師的指示，觀瞻弘一法師的故居及其手種楊柳，又看到他所創辦的佛教養正院。廣義法師要我為養正院書聯，我就集唐人詩句：「須知諸相皆非相，能使無情盡有情」，寫了一副。這對聯掛在弘一法師所創辦的佛教養正院裡，我覺得很適當。因為上聯說佛經，下聯說藝術，很可表明弘一法師由藝術昇華到宗教的意義。藝術家看見花笑，聽見鳥語，舉杯邀明月，開門迎白雲，能把自然當作人看，能化無情為有情，這便是「物我一體」的境界。更進一步，便是「萬法從心」、「諸相非相」的佛教真諦了。故藝術的最高點與宗教相通。最高的藝術家有言：「無聲之詩無一字，無形之畫無一筆。」可知吟詩描畫，平平仄仄，紅紅綠綠，原不過是雕蟲小技，藝術的皮毛而已。藝術的精神，正是宗教的。古人云：「文章一小技，於道未為尊。」又曰：「太上立德，其次立言。」弘一法師教人，亦常引用儒家語：「士先器識而後文藝。」所謂文章、言、文藝，便是藝術；所謂道、德、器識，正是宗教的修養。宗教與藝術的高下重輕，在此已經明示；三層樓當然在二層樓之上的。

我腳力小，不能追隨弘一法師上三層樓，現在還停留在二層樓上，斤斤於一字一筆的小技，自己覺得很慚愧。但亦常常勉力爬上扶梯，向三層樓上望望。故我希望：學宗教的人，不需多花精神去學藝術的技巧，因為宗教已經包括藝術了。而學藝術的人，必須進而體會宗教的精神，其藝術方有進步。久駐閩中的高僧，我所知道的還有 —— 位太虛法師。他是我的小同鄉，從小出家的。他並沒有弄藝術，是一口氣跑上三層樓的。但他與弘一法師，同樣是曠世的高僧，同樣地為世人所景仰。可知在世間，宗教高於一切。在人的修身上，器識重於一切。太虛法師與弘一法師，異途同歸，各成正果。文藝小技的能不能，在大人格上是毫不足道的。我願與閩中人士以二法師為模範而共同勉勵。

弘一法師之出家[17]

今年舊曆九月二十日，是弘一法師滿六十歲誕辰。佛學書局因為我是他的老友，囑寫些文字以為紀念，我就把他出家的經過加以追敘。他是三十九歲那年夏間披剃的，到現在已整整作了二十一年的僧侶生涯。我這裡所述的，也都是二十一年前的舊事。

說起來也許會教大家不相信，弘一法師的出家可以說和我有關，沒有我，也許不至於出家。關於這層，弘一法師自己也承認。有一次，記得是他出家二三年後的事，他要到新城掩關去了，杭州知友們在銀洞巷虎跑寺下院替他餞行，有白衣，有僧人。齋後，他在座間指了我向大家道：

「我的出家，大半由於這位夏居士的助緣。此恩永不能忘！」

我聽了不禁面紅耳赤，慚悚無以自容。因為一，我當時自己尚無信仰，以為出家是不幸的事情，至少是受苦的事情。弘一法師出家以後即修種種苦行，我見了常不忍。二，他因我之助緣而出家修行去了，我卻豎不起肩膀，仍浮沉在醉生夢死的凡俗之中。所以深深地感到對於他的責任，很是難過。

我和弘一法師（俗姓李，名字屢易，為世熟知者名日息霜，字日叔同）相識，是在杭州浙江兩級師範學校（後改名浙江第一師範學校）任教的時候。這個學校有一個特別的地方，不輕易更換教職員。我前後擔任了十三年，他擔任了七年。在這七年中，我們晨夕一堂，相處得很好。他比我長六歲，當時我們已是三十左右的人，少年名士氣息剷除將盡，想在教育上做些實際功夫。我擔任舍監職務，兼教修身課，時時感覺對於學生感化力不足。他教的是圖畫、音樂二科，這兩種科目，在他未來以前是學

17　本文為夏丏尊所作。——編者注

生所忽視的，自他任教以後就忽然被重視起來，幾乎把全校學生的注意力都牽引過去了。課餘但聞琴聲歌聲，假日常見學生出外寫生，這原因一半當然是他對於這二科實力充足，一半也由於他的感化力大。只要提起他的名字，全校師生以及工役沒有人不起敬的。他的力量全由誠敬中發出，我只好佩服他，不能學他。舉一個實例來說，有一次，寄宿舍裡有學生失少了財物了，大家猜測是某一個學生偷的，檢查起來卻沒有得到證據。我身為舍監，深覺慚愧苦悶，向他求教。他所指教我的方法說也怕人，教我自殺！說：

「你肯自殺嗎？你若出一張布告，說做賊者速來自首。如三日內無自首者，足見舍監誠信未孚，誓一死以殉教育。果能這樣，一定可以感動人，一定會有人來自首。—— 這話須說得誠實，三日後如沒有人自首，真非自殺不可。否則便無效力。」

這話在一般人看來是過分之辭，他提出來的時候卻是真心的流露，並無虛偽之意。我自愧不能照行，向他笑謝，他當然也不責備我。我們那時頗有些道學氣，儼然以教育者自任，一方面又痛感到自己力量的不夠。可是所想努力的，還是儒家式的修養，至於宗教方面簡直毫不關心的。

有一次，我從一本日本的雜誌上見到一篇關於斷食的文章，說斷食是身心「更新」的修養方法。自古宗教上的偉人，如釋迦，如耶穌，都曾斷過食。斷食能使人除舊換新，改去惡德，生出偉大的精神力量。並且還列舉實行的方法及應注意的事項，又介紹了一本專講斷食的參考書。我對於這篇文章很有興味，便和他談及，他就好奇地向我要了雜誌去看。以後我們也常談到這事，彼此都有「有機會時最好把斷食來試試」的話，可是並沒有作過具體的決定，至少在我自己是說過就算了的。約莫經過了一年，他竟獨自去實行斷食了。這是他出家前一年陽曆年假的事。他有家眷在上海，平日每月回上海兩次，年假暑假當然都回上海的。陽曆年假只十天，放假以後我也就回家去了，總以為他仍照例回到上海了。假滿返校，不見到他，過了兩個星期他才回來，據說假期中沒有回上海，在虎跑寺斷食。我問他：「為什麼不告訴我？」他笑說：「你是能說不能行的。並且這事預先教別人知道也不好，旁人大驚小怪起來，容易發生波折。」他的斷食共三星期：第一星期逐漸減食至盡，第二星期除水以外完全不食，第三星期起由粥湯逐漸增加至常量。據說經過很順利，不但並無苦痛，而且身心反覺輕快，有飄飄欲仙之像。他平日是每日早晨寫字的，在斷食期間仍以寫字為常課，三星期所寫的字有魏碑，有篆文，有隸書，筆力比平日並不減弱。他說斷食時心比平時靈敏，頗有文思，恐出毛病，終於不敢作文。他斷食以後食量大增，且能吃整塊的肉（平日雖不茹素，不多食肥膩肉類）。自己覺得脫胎換骨過了，用老子「能嬰兒乎」之意改名李嬰，依然教課，依然替人寫字，並沒有什麼和以前不同的情形。據我知道，這時他還只看些宋元人的理學書和道家的書類，佛學尚未談到。

轉瞬陰曆年假到了，大家又離校。哪知他不回上海，又到虎跑寺去了。因為他在那裡住過三星期，喜其地方清靜，所以又到那裡去過年。他的皈依三寶，可以說由這時候開始的。據說，他自虎跑寺斷食回來，曾去訪過馬一浮先生，說虎跑寺如何清靜，僧人招待如何殷勤。陰曆新年，馬先生有一個朋友彭先生求馬先生介紹一個幽靜的寓處，馬先生憶起弘一法師前幾天曾提起虎跑寺，就把這位彭先生陪送到虎跑寺去住。恰好弘一法師正在那裡，經馬先生之介紹就認識了這位彭先生。同住了不多幾天，到正月初八日，彭先生忽然決心出家了，由虎跑寺當家為他剃度。弘一法師目擊當時的一切，大大感動，可是還不就想出家，僅皈依三寶，拜老和尚了悟法師為皈依師。演音的名，弘一的號，就是那時取定的。假期滿後仍回到學校裡來。

從此以後，他茹素了，有念珠了，看佛經了，室中供佛像了。宋元理學書偶然仍看，道家書似已疏遠。他對我說明一切經過及未來志願，說出家有種種難處，以後打算暫以居士資格修行，在虎跑寺寄住，暑假後不再擔任教師職務。我當時非常難堪，平素所敬愛的這樣的好友將棄我遁入空門去了，不勝寂寞之感。在這七年之中，他想離開杭州一師有三四次之多，有時是因為對於學校當局有不快，有時是因為別處來請他，他幾次要走，都是經我苦勸而作罷的。甚至於有一時期，南京高師苦苦求他任課，他已接受聘書了，因我懇留他，他不忍拂我之意，於是杭州、南京兩處跑，一個月中要坐夜車奔波好幾次。他的愛我，可謂已超出尋常友誼之外，眼看這樣的好友因信仰的變化要離我而去，而且信仰上的事不比尋常名利關係，可以遷就。料想這次恐已無法留得他住，深悔從前不該留他。他若早離開杭州，也許不會遇到這樣複雜的因緣的。暑假漸近，我的苦悶也愈加甚。他雖常用佛法好言安慰我，我總熬不住苦悶。有一次，我對他說過這樣的一番狂言：

「這樣做居士究竟不徹底。索性作了和尚，倒爽快！」

我這話原是憤激之談，因為心裡難過得熬不住了，不覺脫口而出。說出以後，自己也就後悔。他卻是仍是笑顏對我，毫不介意。

暑假到了，他把一切書籍、字畫、衣服等等分贈朋友、學生及校工們——我所得到的是他歷年所寫的字，他所有摺扇及金錶等——自己帶到虎跑寺去的只是些布衣及幾件日常用品。我送他出校門，他不許再送了，約期後會，黯然而別。暑假後，我就想去看他，忽然我父親病了，到半個月以後才到虎跑寺去。相見時我吃了一驚，他已剃去短鬚，頭皮光光，著起海青，赫然是個和尚了！他笑說：

「昨天受剃度的。日子很好，恰巧是大勢至菩薩生日。」

「不是說暫時作居士，在這裡住住修行，不出家的嗎？」我問。

「這也是你的意思，你說索性作了和尚⋯⋯」

我無話可說，心中真是感慨萬分。他問過我父親的病況，留我小坐，說要寫一幅字叫我帶回去，作他出家的紀念。他回進房去寫字，半小時後才出來，寫的是《楞嚴大勢至念佛圓通章》，且加跋語，詳記當時因緣，末有「願他年同生安養共圓種智」的話。臨別時我和他作約，盡力護法，吃素一年。他含笑點頭，念一句「阿彌陀佛」。

自從他出家以後，我已不敢再謗毀佛法，可是對於佛法見聞不多，對於他的出家，最初總由俗人的見地，感到一種責任：以為如果我不苦留他在杭州，如果我不提出斷食的話頭，也許不會有虎跑寺馬先生、彭先生等因緣，他不會出家。如果最後我不因惜別而發狂言，他即使要出家，也許不會那麼快速。我一向為這責任之感所苦，尤其在見到他作苦修行或聽到他有疾病的時候。近幾年以來，我因他的督勵，也常親近佛典，略識因緣之不可思議，知道像他那樣的人，是於過去無量數劫種了善根的。他的出家，他的弘法度生，都是夙願使然，而且都是稀有的福德，正應代他歡喜，代眾生歡喜，覺得以前對他不安，對他負責任，不但是自尋煩惱，而且是一種佞妄了。

弘一法師與弟子豐子愷（右）、劉質平（左）合影，1918 年夏

李叔同（右）飾京劇中褚彪的扮相（1903 年前後，上海）

李叔同（左）反串出演話劇《茶花女》（1907 年，日本東京）

弘一法師像（徐悲鴻作）

弘一法師像（攝於泉州承天寺月坊別院）

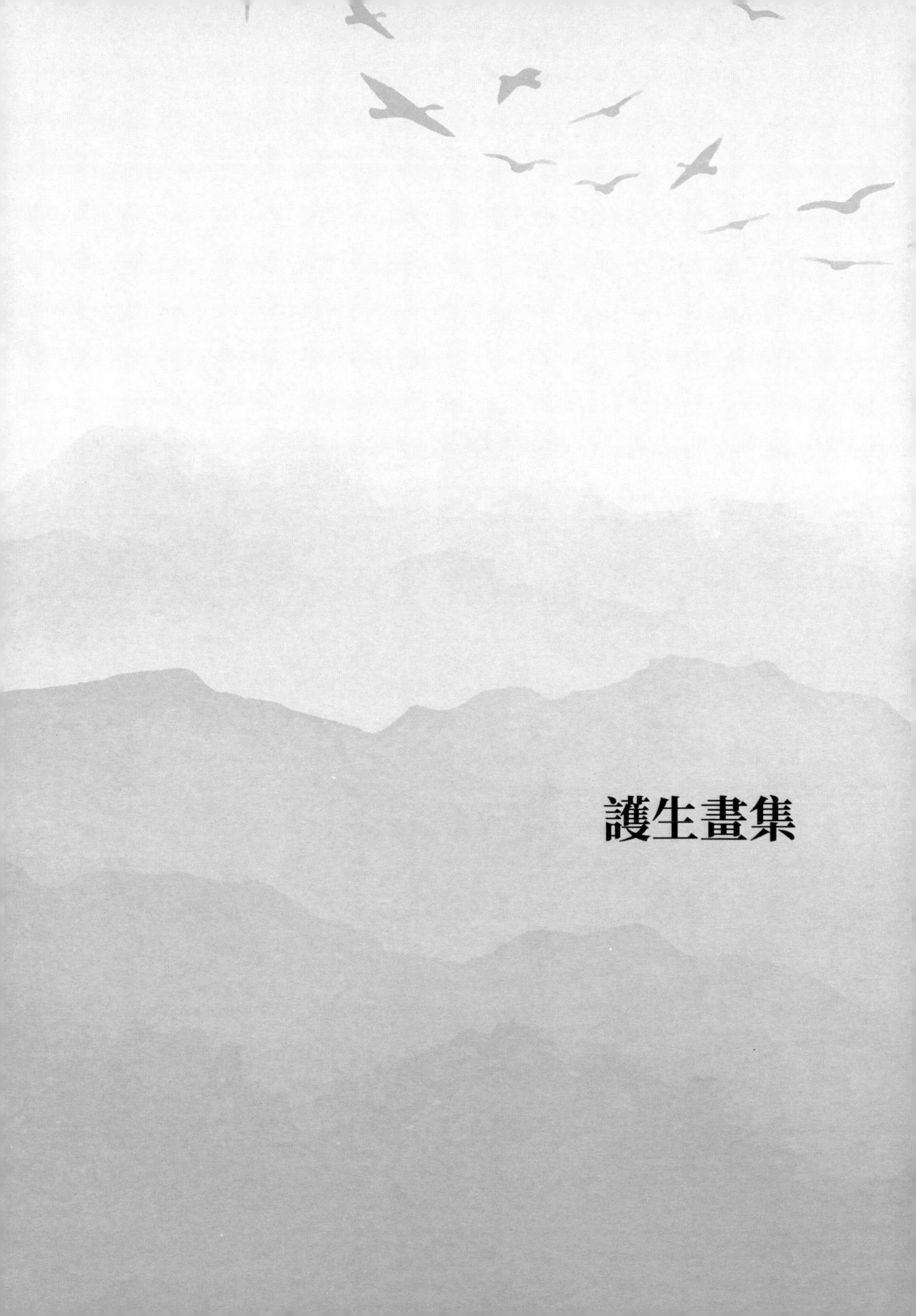

護生畫集

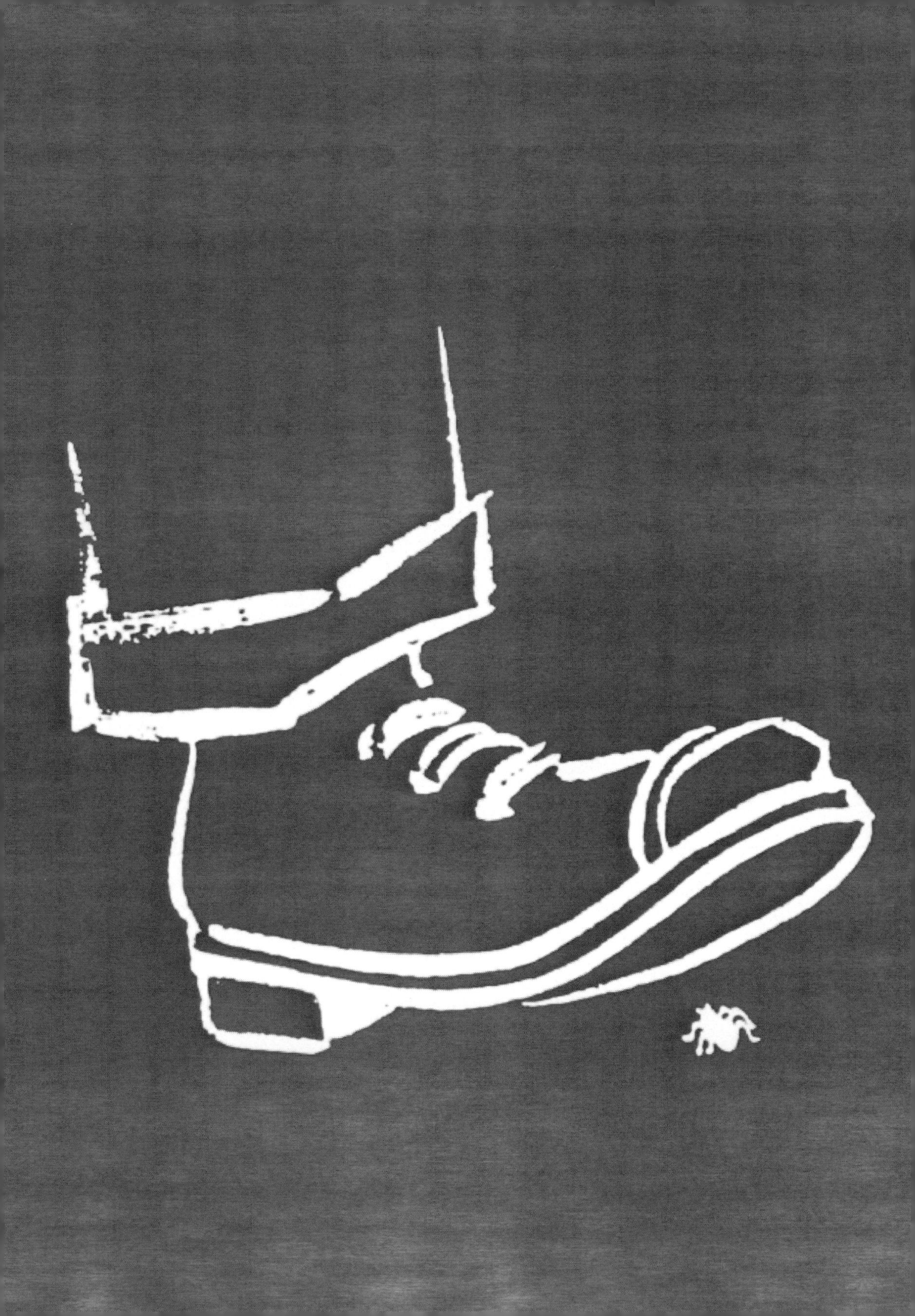

第一冊

衆生

一　眾生

是亦眾生，與我體同。應起悲心，憐彼昏蒙。
普勸世人，放生戒殺。不食其肉，乃謂愛物。

是亦眾生與我體同
應起悲心憐彼昏蒙
普勸世人放生戒殺
不食其肉乃謂愛物

生的扶持

二　生的扶持

一蟹失足，二蟹持扶。
物知慈悲，人何不如。

一蟹失足二蟹持扶
物知慈悲人何不如

今日与昨朝

三　今日與明朝

日暖春風和，策杖遊郊園。雙鴨泛清波，群魚戲碧川。
為念世途險，歡樂何足言。明朝落網罟，系頸陳市廛。
思彼刀砧苦，不覺悲淚潸。

日暖春風和　策杖遊郊園
雙鴨泛清波　群魚戲碧川
為念世途險　歡樂何足言
明朝落網罟　繫頭陳市廛
思彼刀砧苦　不覺悲淚潸

母之羽

四　母之羽

雛兒依殘羽，殷殷戀慈母，
母亡兒不知，猶復相環守，
念此親愛情，能勿淒心否。

《感應類鈔》云：「眉州鮮于氏因合藥碾一蝙蝠為末。及和劑時，有數小蝙蝠圍聚其上，面目未開，蓋識母氣而來也。一家為之灑淚。」今略擬其意作〈母之羽〉圖。

雛兒依殘羽殷殷戀慈母
母亡兒不知猶復相環守
念此親愛情能勿淒心否

感應類鈔云眉州鮮于氏因合藥碾一蝙蝠為末及和劑時有數小蝙蝠圍聚其上面目未開蓋識母氣而來也一家為之灑淚今略擬其意作母之羽圖

「吾兒!?」

五　「吾兒！？」

畜生亦有母子情，犬知護兒牛舐犢。雞為守雛身不離，鱔因愛子常惴縮。
人貪滋味美口腹，何苦拆開他眷屬。畜生哀痛盡如人，只差有淚不能哭。

——慧道人詩刪潤

畜生亦有母子情犬知護兒牛舐犢
雞為守雛身不離鱔因愛子常惴縮
人貪滋味美口腹何苦拆開他眷屬
畜生哀痛盡如人只差有淚不能哭
慧道人詩　刪潤

親與子
親子丼

六　親與子

今日爾吃他，將來他吃爾。
循環作主人，同是親與子。

參用（宋）黃庭堅詩句。日本風俗有以雞肉與卵置於飯上而食之者，名「親子丼」。親謂父母，子謂兒女，丼者，彼邦俗解謂是陶制大碗也。雞為親，卵為子，以此二物共置碗中，故日「親子丼」。

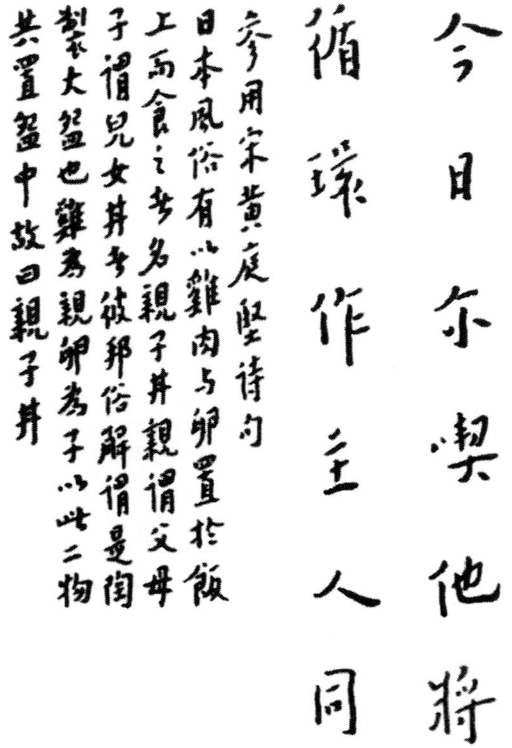
今日尔喫他將来他喫尔
循環作主人同是親与子
參用宋黃庭堅詩句
日本風俗有以雞肉与卵置於飯上而食之者名親子丼親謂父母子謂兒女丼者彼邦俗解謂是陶製大盌也雞為親卵為子以此二物共置盌中故曰親子丼

蘆菔
生兒芥有孫

七　蘆菔生兒芥有孫

秋來霜露滿東園，蘆菔生兒芥有孫。
我與何曾同一飽，不知何苦食雞豚。

——（宋）蘇軾

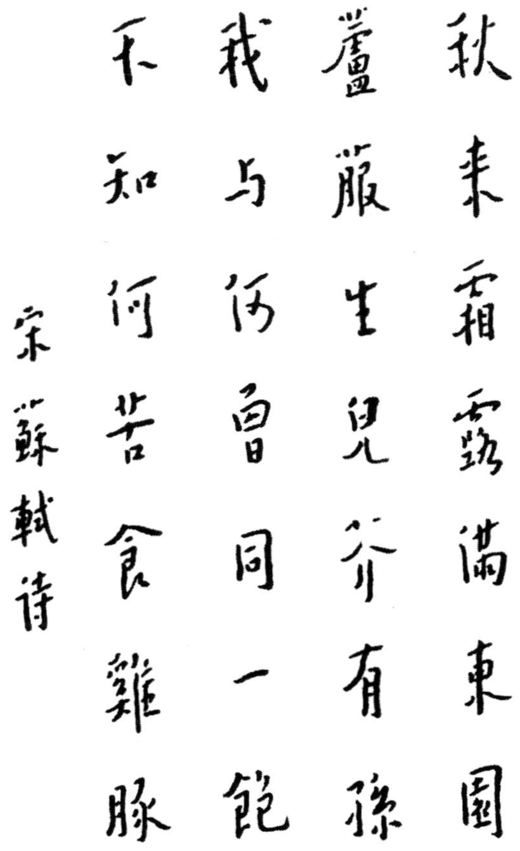
秋来霜露满東園
蘆菔生兒芥有孫
我与何曾同一飽
不知何苦食雞豚
宋蘇軾詩

八　！！！

麟為仁獸，靈秀所鍾，不踐生草，不履生蟲，
繫吾人類，應知其義，舉足下足，常須留意，
既勿故殺，亦勿誤傷，長我慈心，存我天良。

兒時讀毛詩麟趾章注云：「麟為仁獸，不踐生草，不履生蟲」。余諷其文，深為感歎，四十年來，未嘗忘懷。今撰護生詩歌，引述其義。後之覽者，幸共知所警惕焉。

麟為仁獸　靈秀所鍾　不踐生草　不履生蟲
繫吾人類　應知其義　舉足下足　常須留意
既勿故殺　亦勿誤傷　長我慈心　存我天良
兒時讀毛詩麟趾章注云麟為仁獸不踐生草不履
生蟲余諷其文深為感歎四十年來未嘗忘懷今撰
護生詩歌引述其義後之覽者幸共知所警惕焉

兒戲 其一

九　兒戲（其一）

干戈兵革鬥未止，鳳凰麒麟安在哉。
吾徒胡為縱此樂，暴殄天物聖所哀。

——（唐）杜甫

干戈兵革鬥未止
鳳凰麒麟安在哉
吾徒胡為縱此樂
暴殄天物聖所哀
唐杜甫詩

兒戲
其二

十　兒戲（其二）

教訓子女，宜在幼時。先入為主，終身不移。
長養慈心，勿傷物命。充此一念，可為仁聖。

教訓子女宜在幼時
先入為主終身不移
長養慈心勿傷物命
充此一念可為仁聖

沈溺

十一　沉溺

莫謂蟲命微，沉溺而不援。
應知惻隱心，是為仁之端。

莫謂蟲命微沉溺而不援
應知惻隱心是為仁之端

暗殺 其一
TK

十二　暗殺（其一）

若謂青蠅汙，揮扇可驅除。
豈必矜殘殺，傷生而自娛。

若謂青蠅汙揮扇可驅除
豈必矜殘殺傷生而自娛

暗殺 其二

十三　暗殺（其二）

誰道群生性命微，一般骨肉一般皮。
勸君莫打枝頭鳥，子在巢中望母歸。

——（唐）白居易

誰道群生性命微
一般骨肉一般皮
勸君莫打枝頭鳥
子在巢中望母歸
唐白居易詩

訣別之音
TK

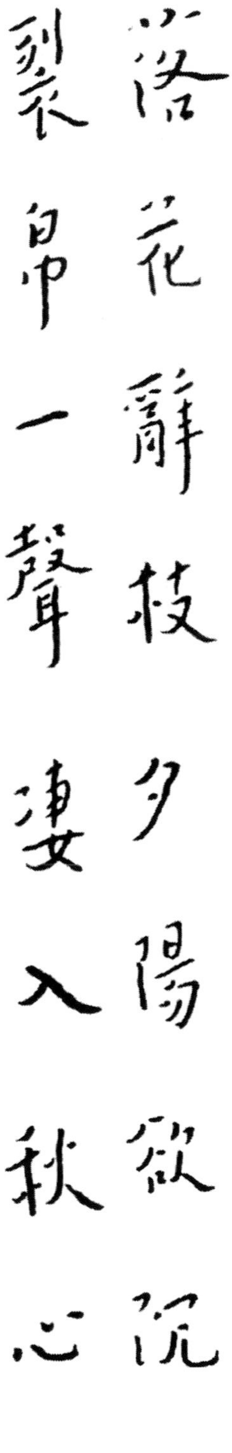

十四　訣別之音

落花辭枝，夕陽欲沉。
裂帛一聲，淒入秋心。

生離歟？
死別歟？

十五　生離歟？死別歟？

生離嘗惻惻，臨行復回首。
此去不再還，念兒兒知否。

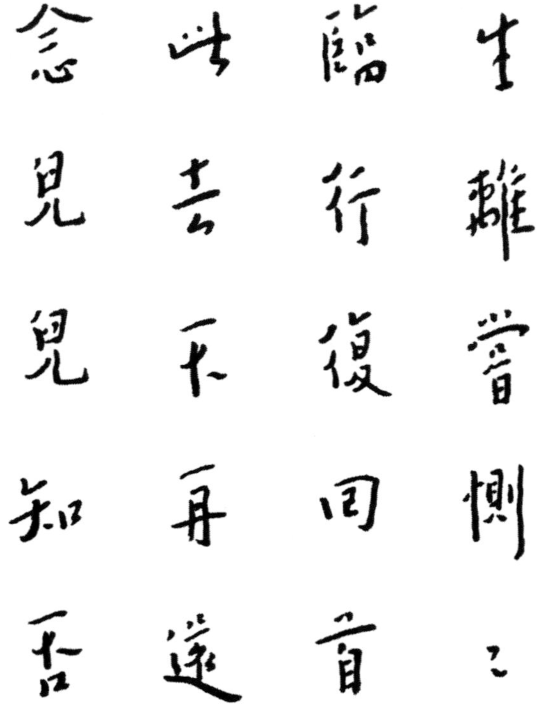
生離嘗惻々
臨行復回首
此去不再還
念兒兒知否

倘使羊識字
羊肉大麪

十六　倘使羊識字

倘使羊識字，淚珠落如雨。
口雖不能言，心中暗叫苦。

倘使羊識字　淚珠落如雨
口雖不能言　心中暗叫苦

乞命

十七　乞命

吾不忍其觳觫，無罪而就死地。
普勸諸仁者，同發慈悲意。

吾不忍其觳觫
無罪而就死地
普勸諸仁者
同發慈悲意

農夫与乳母

十八　農夫與乳母

憶昔繈褓時，嘗啜老牛乳。年長食稻粱，賴爾耕作苦。
念此養育恩，何忍相忘汝。西方之學者，倡人道主義。
不啖老牛肉，淡泊樂蔬食。卓哉此美風，可以昭百世。

憶昔繈褓時　嘗啜老牛乳
年長食稻粱　賴尔耕作苦
念此養育恩　何忍相忘汝
西方之學者　倡人道主義
不啗老牛肉　淡泊樂蔬食
卓哉此美風　可以昭百世

「我的腿！」

十九　「我的腿！」

挾弩隱衣袂，入林群鳥號。狗屠一鳴鞭，眾吠從之囂。

因果苟無征，視斯亦已昭。與其啖群生，寧我吞千刀。

——（明）陶周望

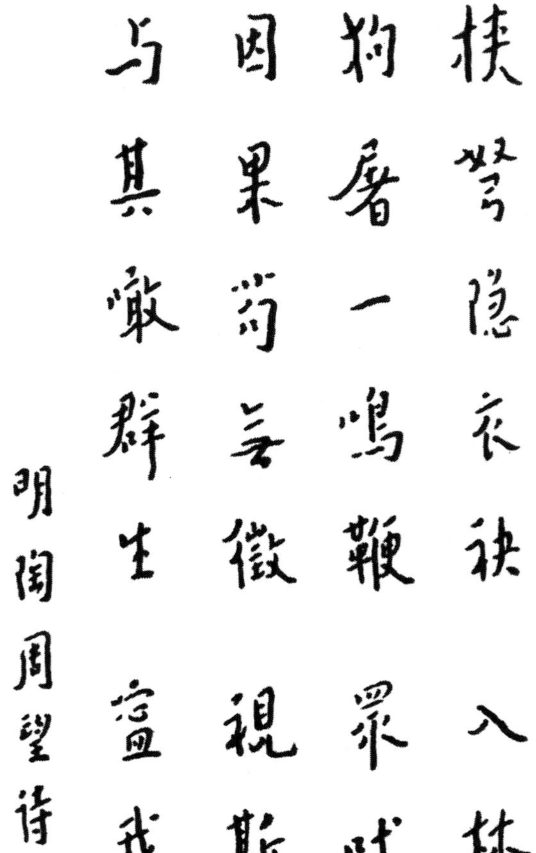
挾弩隱衣袂　入林群鳥號
狗屠一鳴鞭　眾吠從之囂
因果苟無徵　視斯亦已昭
与其噉群生　寧我吞千刀
明陶周望詩

示衆
肉舖

二十　示眾

景象太淒慘，傷心不忍睹。
夫復有何言，掩卷淚如雨。

景象太悽慘傷心不忍覩
夫復有何言掩卷淚如雨

修羅

二十一　修羅

千百年來碗裡羹，冤深如海恨難平。
欲知世上刀兵劫，但聽屠門夜半聲。

——（宋）願雲禪師《戒殺詩》

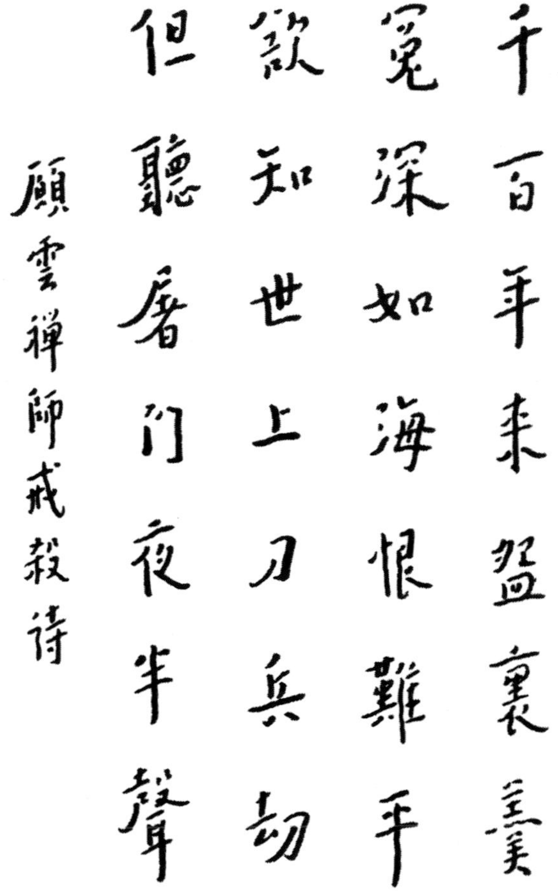

喜慶的代價

二十二　喜慶的代價

喜氣溢門楣，如何慘殺戮。
唯欲家人歡，那管畜生哭。

喜氣溢門楣如何慘殺戮
唯欲家人歡那管畜生哭

蕭然的
除夜

二十三　蕭然的除夜

鄰雞夜夜競先鳴，到此蕭然度五更。
血染千刀流不盡，佐他杯酒話春生。

——（清）彭際清〈除夕有感〉

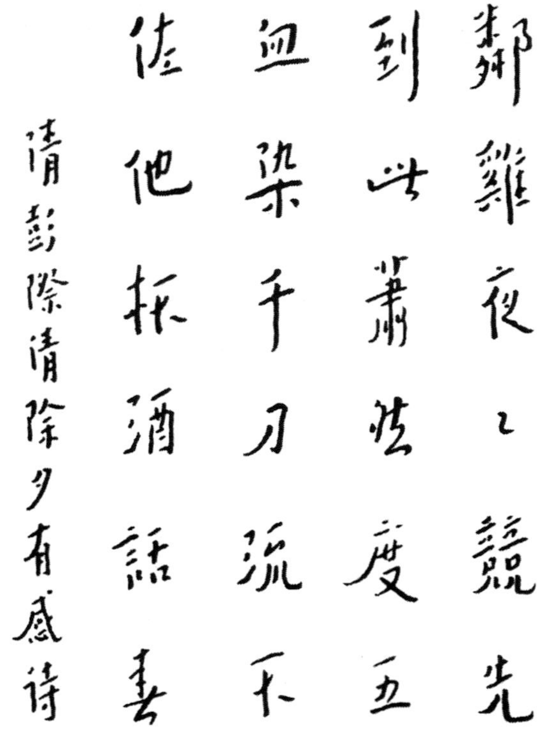
鄰雞夜夜競先鳴
到此蕭然度五更
血染千刀流不盡
佐他杯酒話春生
清彭際清除夕有感詩

殘廢的美

二十四　殘廢的美

好花經摧折，曾無幾日香。
憔悴剩殘姿，明朝棄道旁。

好花經摧折曾無幾日香
顦顇賸殘姿明朝棄道旁

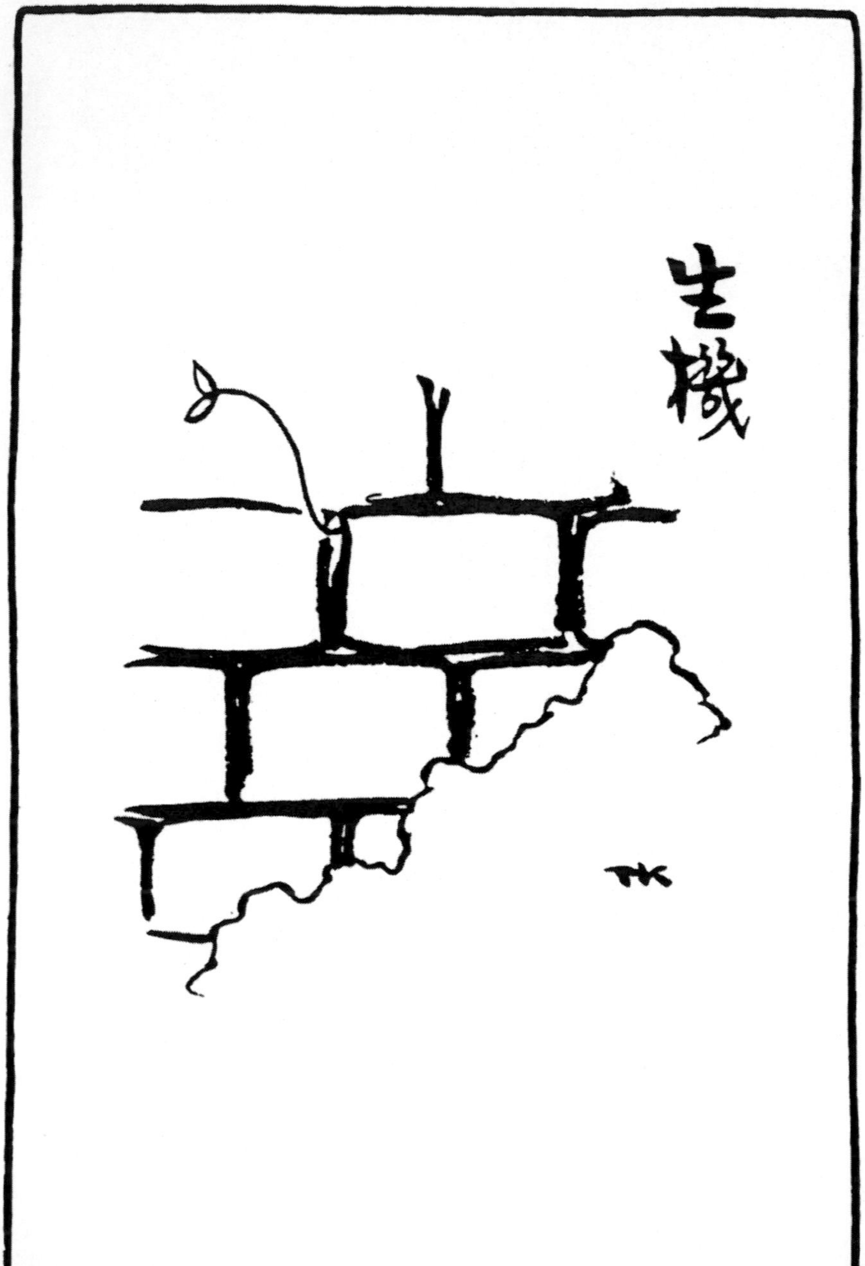
生機
TK

二十五　生機

小草出牆腰，亦復饒佳致。
我為勤灌溉，欣欣有生意。

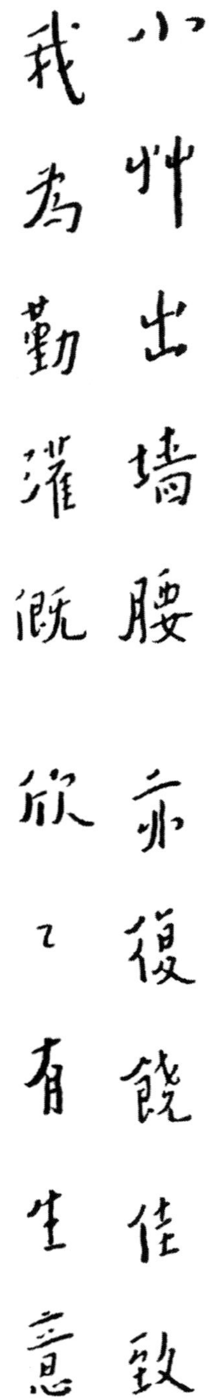
小艸出墻腰　亦復饒佳致
我為勤灌溉　欣々有生意

囚徒之歌

二十六　囚徒之歌

人在牢獄，終日愁欷。鳥在樊籠，終日悲啼。
聆此哀音，淒入心脾。何如放捨，任彼高飛。

人在牢獄終日愁欷
鳥在樊籠終日悲啼
聆此哀音淒入心脾
何如放捨任彼高飛

遇赦

二十七　遇赦

汝欲延生聽我語，凡事惺惺須求己。
如欲延生須放生，此是循環真道理。
他若死時你救他，汝若死時人救你。

——回道人

汝欲延生聽我語　凡事惺々須求己
如欲延生須放生　此是循環真道理
他若死時你救他　汝若死時人救你

回道人詩

投宿
TK

二十八　投宿

夕日落江渚，炊煙起村墅。
小鳥亦歸家，殷殷戀舊主。

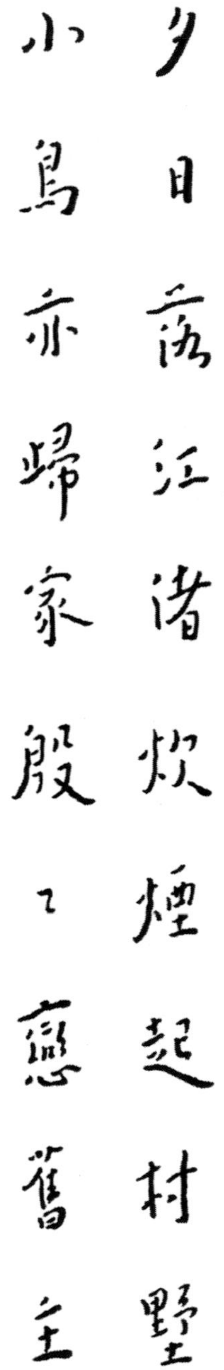
夕日落江渚炊煙起村墅
小鳥亦歸家殷殷戀舊主

雀巢可俯而窺

二十九　雀巢可俯而窺

人不害物，物不驚擾。
猶如明月，眾星圍繞。

人不害物物不驚擾
猶如明月眾星圍遶

松間的音樂隊

三十　松間的音樂隊

家住夕陽江上村，一彎流水繞柴門。
種來松樹高於屋，借與春禽養子孫。

——（明）葉唐夫

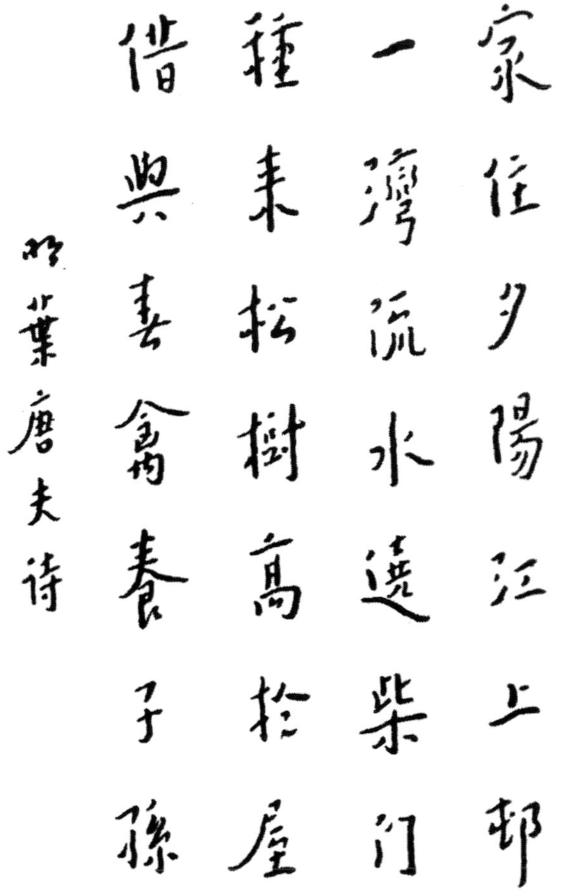

誘殺

三十一　誘殺

水邊垂釣，閒情逸致。是以物命，而為兒戲。刺骨穿腸，於心何忍。願發仁慈，常起悲愍

水邊垂釣閒情逸致
是以物命而為兒戲
刺骨穿腸於心何忍
願發仁慈常起悲愍

劊子手

三十二　劊子手

一指納沸湯，渾身驚欲裂。一針刺己肉，遍體如刀割。
魚死向人哀，雞死臨刀泣。哀泣各分明，聽者自不識。

——（明）陶周望

一指納沸湯渾身驚欲裂
一針刺己肉徧體如刀割
魚死向人哀雞死臨刀泣
哀泣各分明聽者自不識
明陶周望詩

肉

三十三　肉

豎首橫目人，豎目橫身獸。從獸者智攖，甘人者勇鬥。悲哉肉世界，奚物獲長壽。
一虎當邑居，萬人怖而走。萬人懼虎心，物命誰當救。莫言他肉肥，可療吾身瘦。
彼此電露命，但當相憫宥。共修三堅法，人獸兩無負。

——（明）陶周望

豎首橫目人　豎目橫身獸　從獸者智攖　甘人者勇鬭
悲哉肉世界　奚物獲長壽　一虎當邑居　万人怖而走
万人俱虎心　物命誰當救　莫言他肉肥　可療吾身瘦
彼此電露命　但當相憫宥　共修三堅法　人獸兩無負

明陶周望詩

間接的自餵
TK

三十四　間接的自餵

養豬充口腹，因愛結成仇。豬若知此意，終朝不食愁。
頗賴豬未知，肥肉過汝喉。將來汝作豬，還須償豬油。
此理果弗謬，勸汝養豬休。

——（明）紫柏大師〈豬偈〉

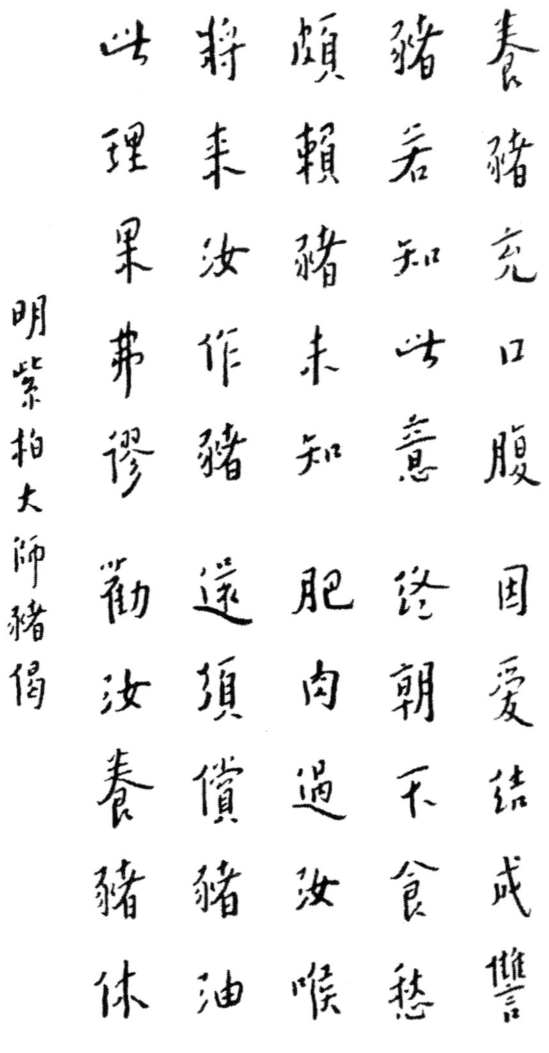
養豬充口腹 因愛結成讎
豬若知此意 終朝不食愁
頗賴豬未知 肥肉過汝喉
將來汝作豬 還須償豬油
此理果弗謬 勸汝養豬休
明紫柏大師豬偈

被虜
TK

三十五　被虜

有命盡貪生，無分人與畜。最怕是殺烹，最苦是割肉。
擒執未施刀，魂驚氣先窒。喉斷叫聲絕，顛倒三起伏。
念此惻肺肝，何忍縱口腹。

——耐菴道人

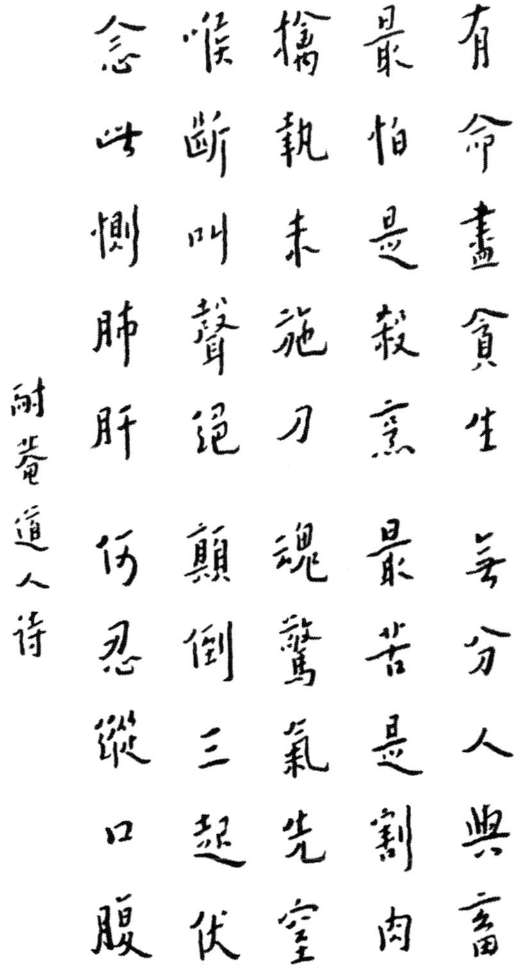
有命盡貪生
無分人與畜
最怕是殺烹
最苦是割肉
擒執未施刀
魂驚氣先窒
喉斷叫聲絕
顛倒三起伏
念此惻肺肝
何忍縱口腹
耐菴道人詩

倒懸

三十六　倒懸

始而倒懸，終以誅戮。彼有何辜，受此荼毒。
人命則貴，物命則微。汝自問心，判其是非。

始而倒懸終以誅戮
彼有何辜受此荼毒
人命則貴物命則微
汝自問心判其是非

老陸稿薦
屍林
TK

三十七　屍林

見其生，不忍見其死。
聞其聲，不忍食其肉。
應起悲心，勿貪口腹。

見其生不忍見其死
聞其聲不忍食其肉
應起悲心勿貪口腹

刑場
TK

三十八　刑場

驀受刀砧苦，腸斷命猶牽。白刃千翻割，紅爐百沸煎。
炮烙加彼體，甘肥佐我筵。此事若無罪，勿畏蒼蒼天。

——（清）周思仁

驀受刀砧苦　腸斷命猶牽
白刃千翻割　紅爐百沸煎
炮烙加彼體　甘肥佐我筵
此事若無罪　勿畏蒼蒼天
清周思仁詩

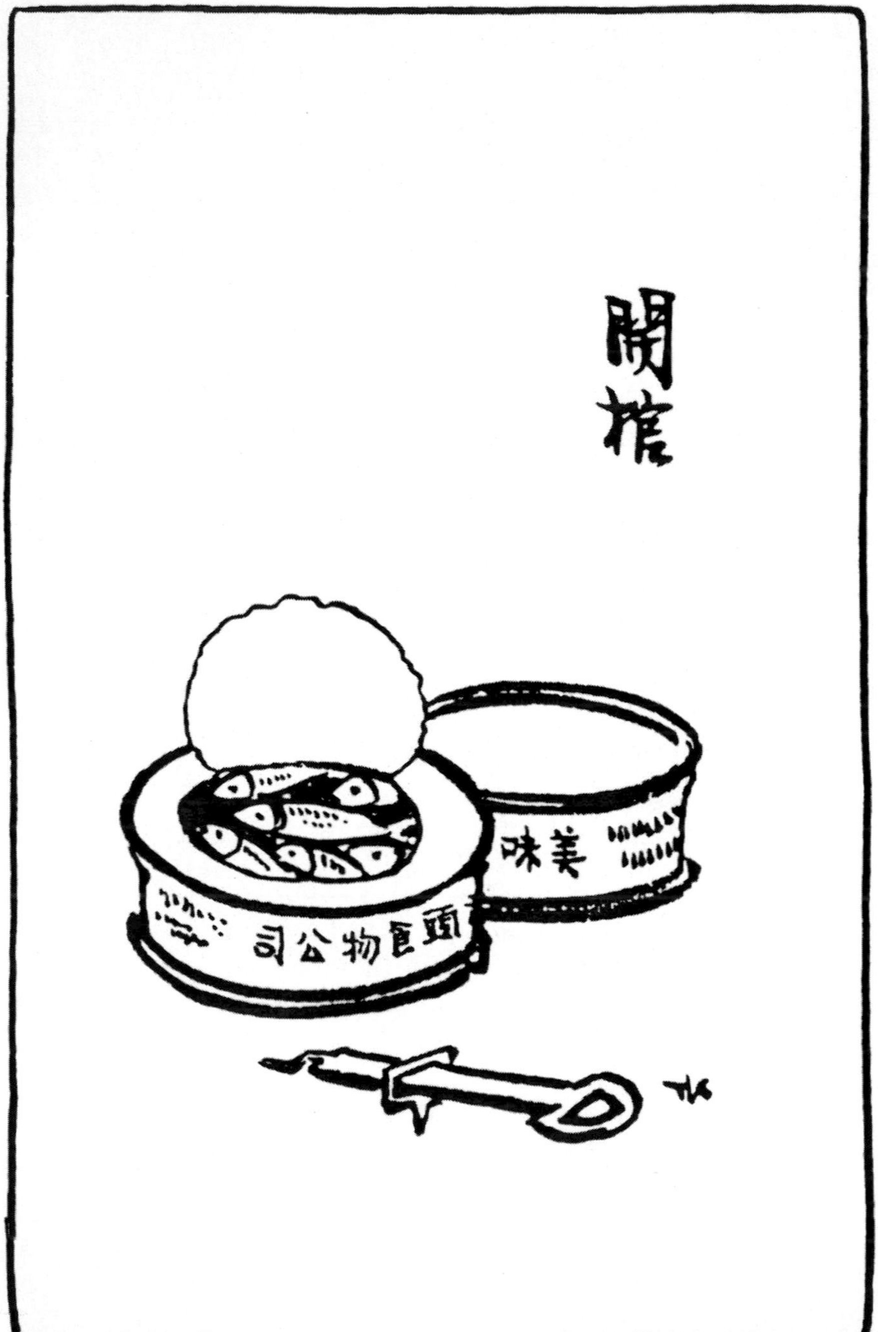
開罐
頭食物公司
美味

三十九　開棺

惡臭陳穢，何云美味。
掩鼻傷心，為之墮淚。
智者善思，能毋悲愧。

惡臭陳穢　何云美味
掩鼻傷心　為之墮淚
智者善思　能毋悲愧

蠶的刑具

四十　蠶的刑具

殘殺百千命，完成一襲衣。
唯知求適體，豈毋傷仁慈。

布葛可以代綺羅，冬畏寒者，宜衣駝絨以代絲綿。

殘殺百千命完成一襲衣
唯知求適體豈毋傷仁慈
布葛可以代綺羅冬畏寒
者宜衣駝絨以代絲綿

昨晚的成績

四十一　昨晚的成績

是為惡業，何謂成績！
宜速懺悔，痛自呵責。
發起善心，勤修慈德。

是為惡業　何謂成績
宜速懺悔　痛自呵責
發起善心　勤修慈德

拾遺

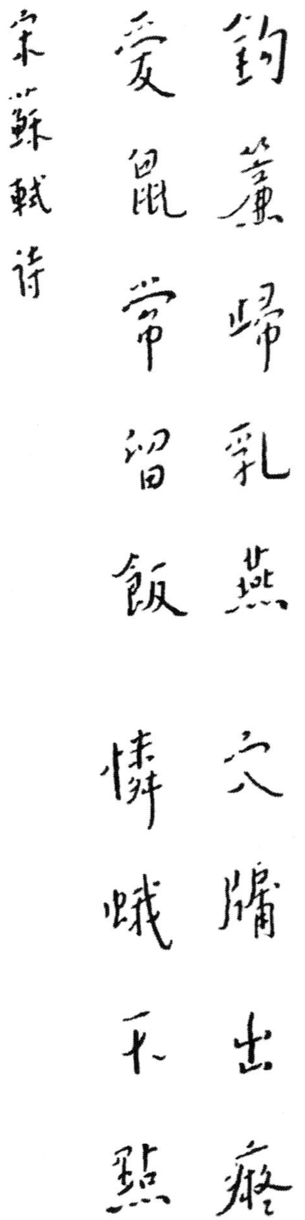
鉤簾歸乳燕　穴牖出痴蠅
愛鼠常留飯　憐蛾不點燈
宋 蘇軾 詩

四十二　拾遺

鉤簾歸乳燕，穴牖出痴蠅。
愛鼠常留飯，憐蛾不點燈。

——（宋）蘇軾

惠而不費
王

四十三　惠而不費

勿謂善小，不樂為之。
惠而不費，亦日仁慈。

勿謂善小不樂為之
惠而不費亦日仁慈

平等
THEY ARE THE EYES OF EQUALS
—TURGENIEV—

四十四　平等

我肉眾生肉，名殊體不殊。
原同一種性，只是別形軀。

——（宋）黃庭堅

我肉眾生肉名殊體不殊
原同一種性只是別形軀

宋 黄庭堅詩

醉人与醉蟹
醉蟹

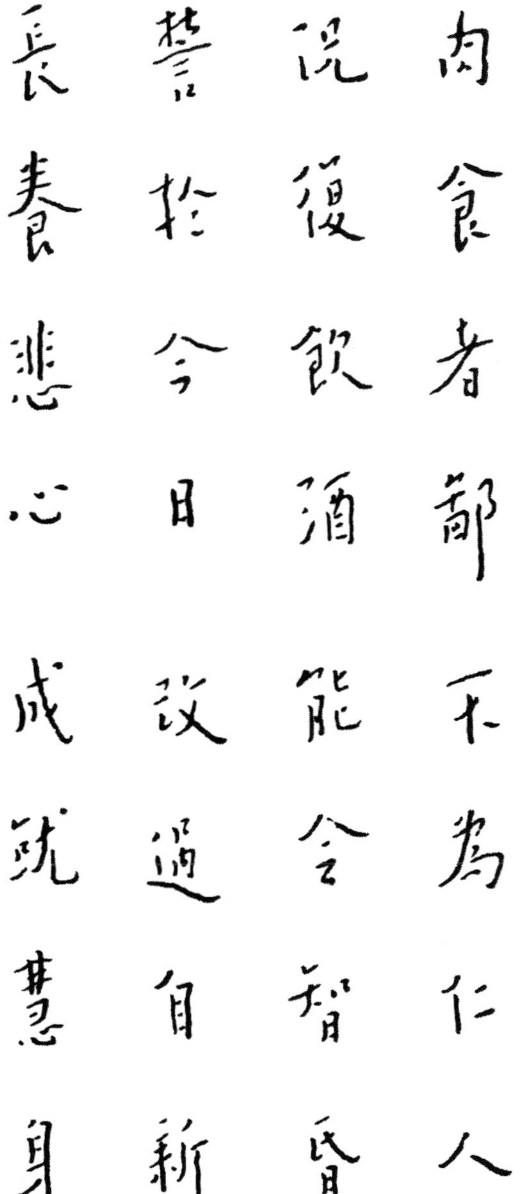
肉食者鄙不為仁人
況復飲酒能令智昏
誓於今日改過自新
長養悲心成就慧身

四十五　醉人與醉蟹

肉食者鄙，不為仁人。況復飲酒，能令智昏。
誓於今日，改過自新。長養悲心，成就慧身。

懺悔
TK

四十六　懺悔

人非聖賢，其孰無過。猶如素衣，偶著塵涴。
改過自新，若衣拭塵。一念慈心，天下歸仁。

人非聖賢其孰無過
猶如素衣偶著塵涴
改過自新若衣拭塵
一念慈心天下歸仁

冬日的同樂
王
TK

四十七　冬日的同樂

盛世樂太平，民康而物阜。萬類咸喁喁，同浴仁恩厚。
昔日互殘殺，而今共愛親。何分物與我，大地一家春。

盛世樂太平　民康而物阜
万類咸喁喁　同浴仁恩厚
昔日互殘殺　而今共愛親
何分物与我　大地一家春

幸福的同情

四十八　幸福的同情

香餌見來須閉口，大江歸去好藏身。
盤渦峻激多傾險，莫學長鯨擬害人。
——（唐）白居易〈放魚〉

香餌見來須閉口
大江歸去好藏身
盤渦峻激多傾險
莫學長鯨擬害人
唐白居易放魚詩

老鴨造象
TK

四十九　老鴨造象

罪惡第一為殺，天地大德日生。
老鴨札札，延頸哀鳴。我為贖歸，畜於靈囿。
功德回施群生，願悉無病長壽。

戊辰十一月，余乘番舶，見有老鴨囚於樊，將齎送他鄉以餉病者，謂食其肉可起沉疴，余憫鴨老而將受戮，乃乞舶主，為之哀請，以三金贖老鴨歸，屬子愷圖其形，補入畫集，聊志遺念。

罪惡第一為殺　天地大德日生
老鴨札札　延頸哀鳴
我為贖歸　畜於靈囿
功德迴施群生　願悉無病長壽

戊辰十一月余乘番舶見有老鴨囚於樊將齎送他鄉以餉病者謂食其肉可起沈疴余憫鴨老而將受戮乃乞舶主為之哀請以三金贖老鴨歸屬子愷畫其形補入畫集聊志遺念

楊枝
净水
TK

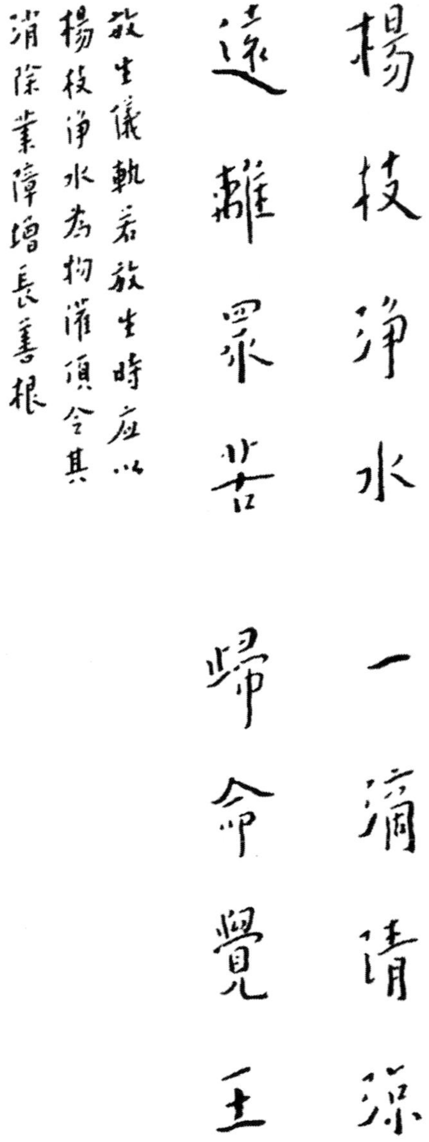
楊枝淨水一滴清涼
遠離眾苦歸命覺王
放生儀軌若放生時應以
楊枝淨水為物灌頂令其
消除業障增長善根

五十　楊枝淨水

楊枝淨水，一滴清涼。
遠離眾苦，歸命覺王。

放生儀軌，若放生時，應以楊枝淨水，為物灌頂，令其消除業障，增長善根。

第二冊

中秋同樂會

一　中秋同樂會

朗月光華，照臨萬物。山川草木，清涼純潔。蠕動飛沉，團圞和悅。共浴靈輝，如登樂國。

——即仁補題

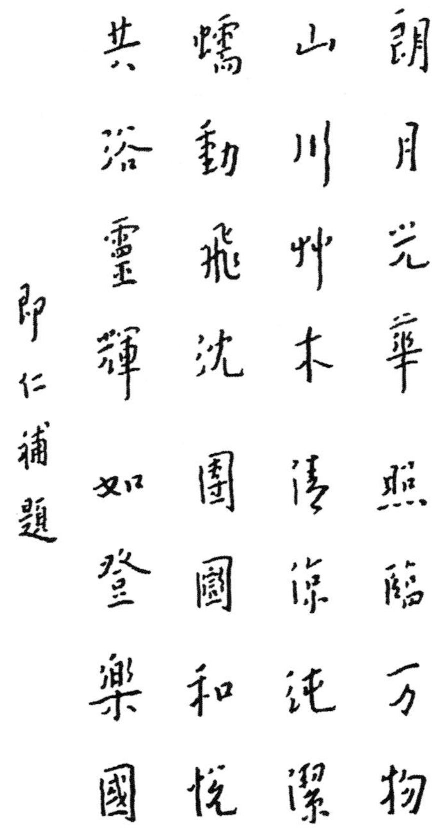

蝴蝶来儀

二　蝴蝶來儀

蝴蝶兒，約伴近窗飛。
不為瓶中花有蜜，只緣聽讀護生詩。
欲去又遲遲。

——杜蘅補題

蝴蝶兒約伴近窗飛
不為瓶中花有蜜
只緣聽讀護生詩
欲去又遲遲
杜蘅補題

我来施食爾垂釣

三　我來施食爾垂鉤

繞池閑步看魚遊，正值兒童弄釣舟。
一種愛魚心各異，我來施食爾垂鉤。
——（唐）白居易

繞池閑步看魚遊
正值兒童弄釣舟
一種愛魚心各異
我来施食尔垂鉤
唐白居易诗

雀喚山童為解圍

四　催喚山童為解圍

靜看簷蛛結網低，無端妨礙小蟲飛。
蜻蜓倒掛蜂兒窘，催喚山童為解圍。

——（宋）范成大

靜看簷蛛結網低
無端妨礙小蟲飛
蜻蜓倒挂蜂兒窘
催喚山童為解圍

宋范成大詩

黄蜂何處知消息
便解尋香隔舍来

五　黃蜂何處知消息　便解尋香隔舍來

行遍江村未有梅，一華忽向暖枝開。
黃蜂何處知消息，便解尋香隔舍來。
——（宋）翁卷

行遍江村未有梅
一華忽向暖枝開
黃蜂何處知消息
便解尋香隔舍来
宋翁卷詩

遠書

六　遠書

何事春郊殺氣騰，疏狂遊子獵飛禽。
勸君莫射南來雁，恐有家書寄遠人。

——即仁集古

何事春郊殺氣騰
疏狂遊子獵飛禽
勸君莫射南來雁
恐有家書寄遠人
即仁集古

銜泥帶得落花歸

七　銜泥帶得落花歸

一年社日都忘了，忽見庭前燕子飛。
禽鳥也知勤作室，銜泥帶得落花歸。
——（清）呂霜

一年社日都忘了
忽見庭前燕子飛
禽鳥也知勤作室
銜泥帶得落花歸
清呂霜詩

襁負其子

八　襁負其子

母雞有群兒，一兒最偏愛。
嬌痴不肯行，常伏母親背。

——子愷補題

母雞有群兒　一兒最偏愛
嬌痴不肯行　常伏母親背

子愷補題

被棄的小猫

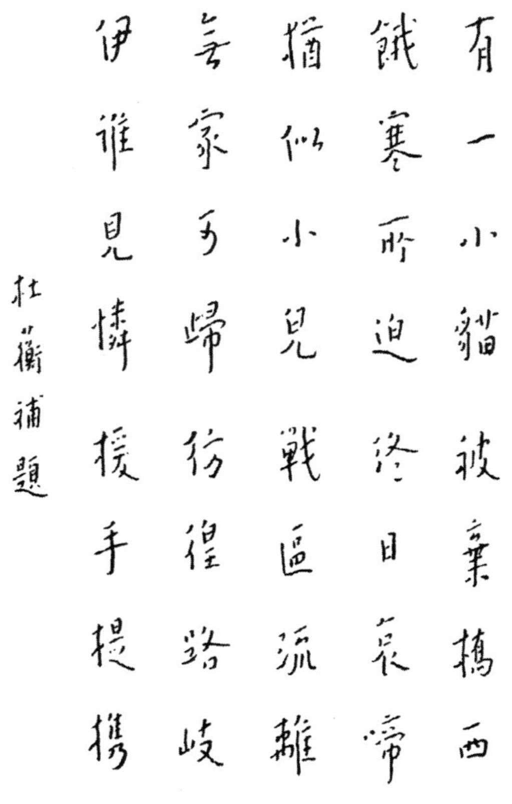
有一小貓被棄橋西
餓寒所迫終日哀啼
猶似小兒戰區流離
無家可歸彷徨路岐
伊誰見憐援手提攜
杜衡補題

九　被棄的小貓

有一小貓，被棄橋西。餓寒所迫，終日哀啼。
猶似小兒，戰區流離。無家可歸，彷徨路岐。
伊誰見憐，援手提攜。

——杜衡補題

推食

十　推食

母雞得美食，啄啄呼小雞。
小雞忽然集，團團如黃葵。
母雞忍饑立，得意自歡嬉。

——子愷補題

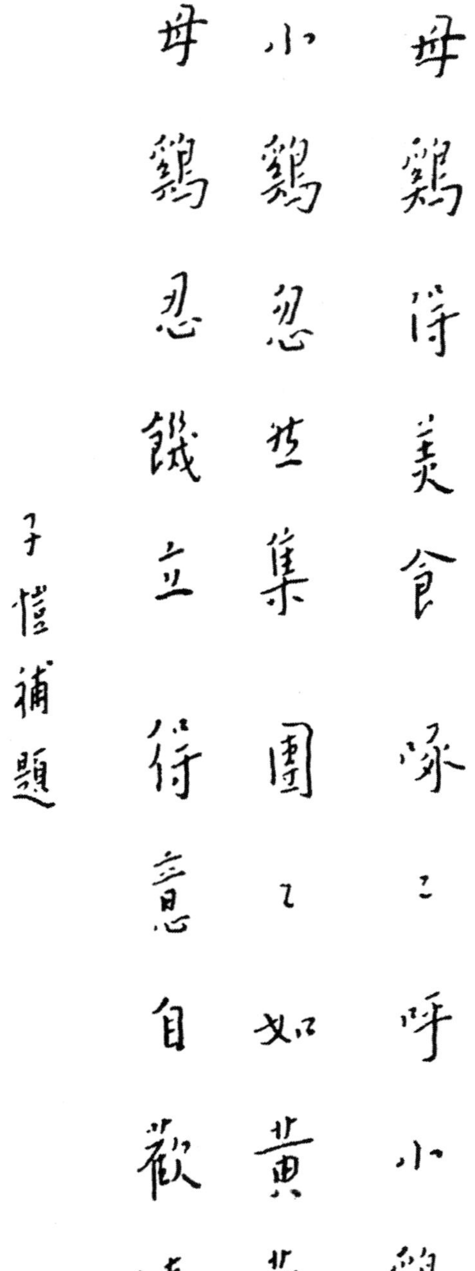

運糧

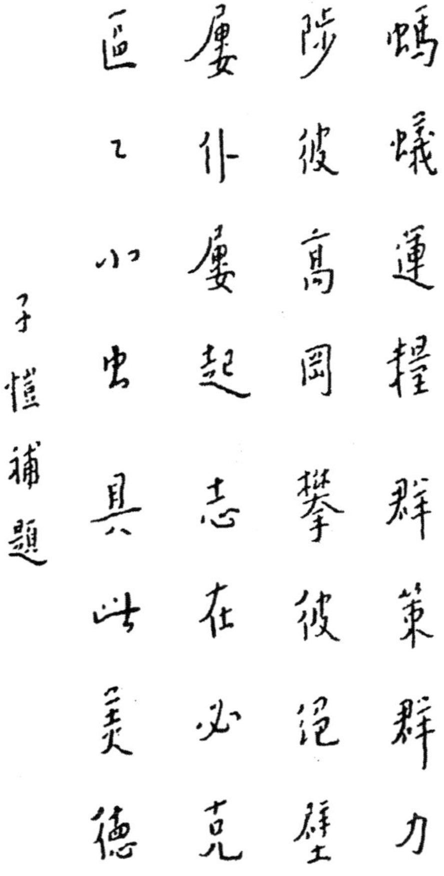
螞蟻運糧
群策群力
陟彼高岡
攀彼絕壁
屢仆屢起
志在必克
區區小蟲
具此美德
子愷補題

十一　運糧

螞蟻運糧，群策群力。陟彼高岡，攀彼絕壁。
屢仆屢起，志在必克。區區小蟲，具此美德。

——子愷補題

遇救

十二　遇救

且停且停，刀下留命。
年幼心慈，可欽可敬。

——東園補題

且停且停，刀下留命。
年幼心慈，可欽可敬
東園補題

漏網

十三　漏網

群魚皆被難，一魚獨漏網。如人遇炸彈，相距僅數丈。如人遇炮火，飛彈拂頸項。身逢爭戰苦，此情始可想。

——子愷補題

群魚皆被難一魚獨漏網如人遇炸彈相距僅數丈如人遇炮火飛彈拂頸項身逢爭戰苦此情始可想
子愷補題

自掃雪中歸鹿跡
天明恐有獵人尋

十四　自掃雪中歸鹿跡　天明恐有獵人尋

萬峰回繞一峰深，到此常修苦行心。
自掃雪中歸鹿跡，天明恐有獵人尋。
——（唐）陸甫皇

万峯迴遶一峯深
到此常修苦行心
自掃雪中帰鹿跡
天明恐有獵人尋
唐陸甫皇詩

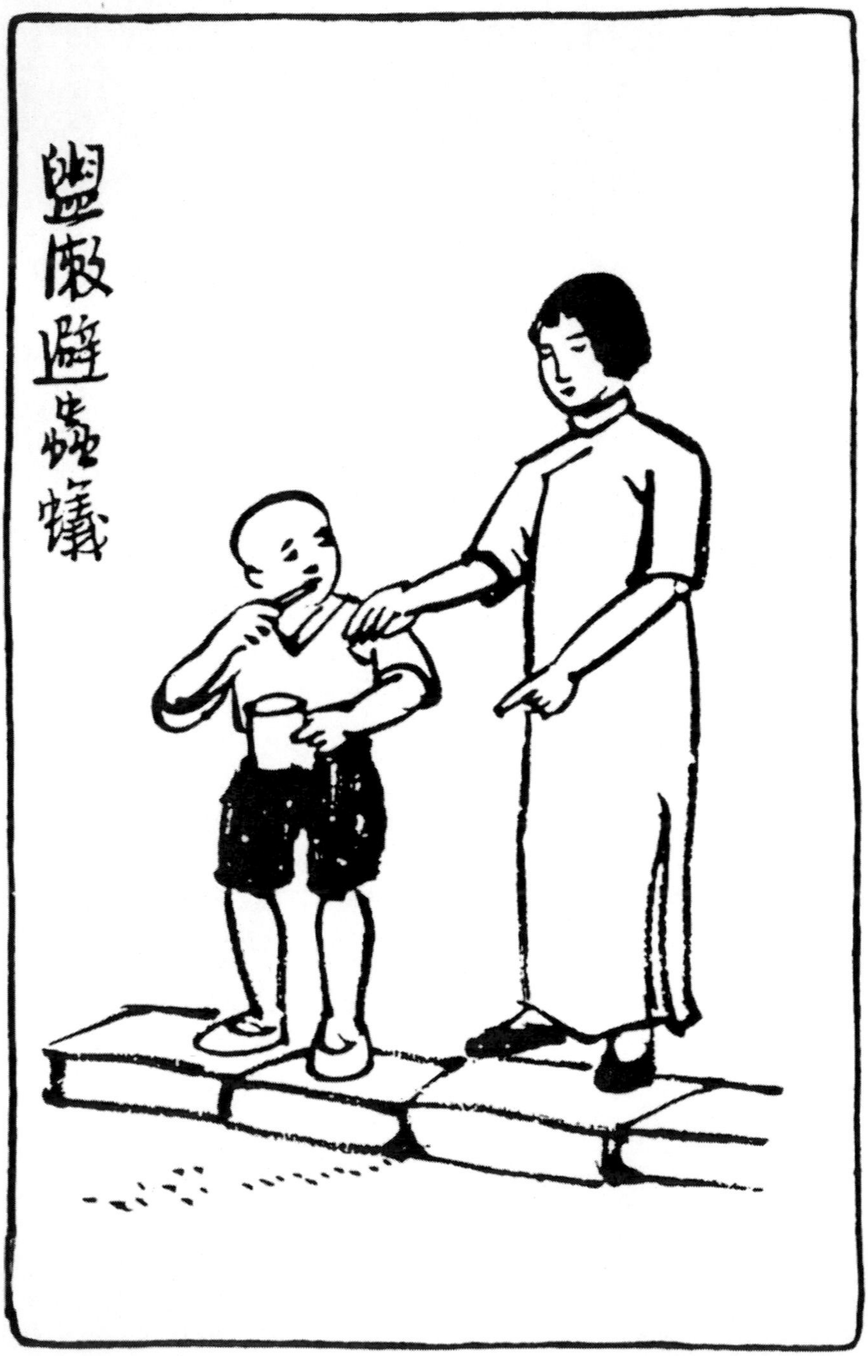
盥漱避蟲蟻

十五　盥漱避蟲蟻

盥漱避蟲蟻，亦是護生命。
充此仁愛心，可以為賢聖。

——學童補題

盥漱避蟲蟻　亦是護生命
充此仁愛心　可以為賢聖
學童補題

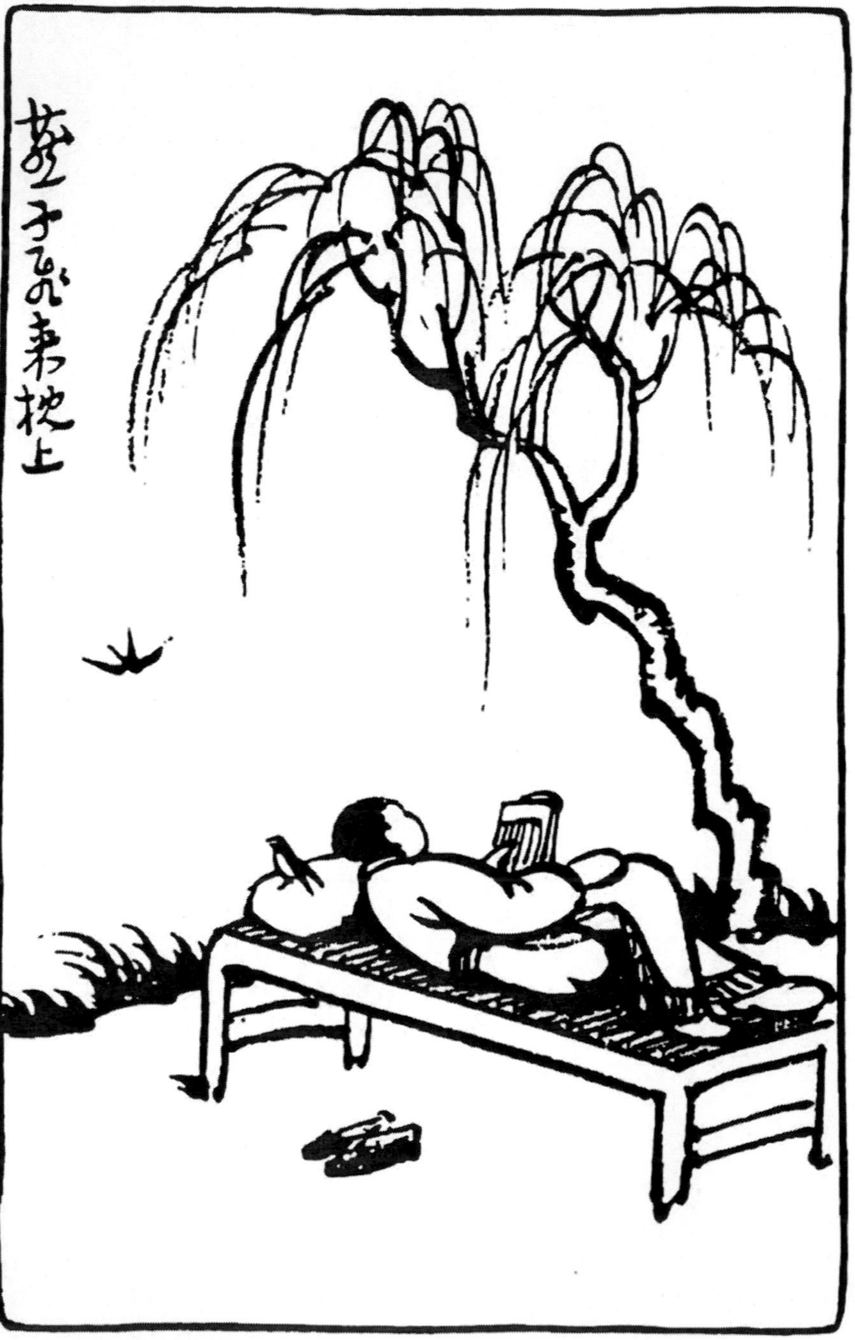
燕子飛來枕上

十六　燕子飛來枕上

燕子飛來枕上，不復見人畏避。
只緣無惱害心，到處春風和氣。

——學童補題

燕子飛來枕上
不復見人畏避
只緣無惱害心
到處春風和氣
學童補題

老牛亦是知音者
橫笛聲中緩步行

十七　老牛亦是知音者　橫笛聲中緩步行

慈心感物，有如韶武。
龍翔鳳集，百獸率舞。

——智顗補題

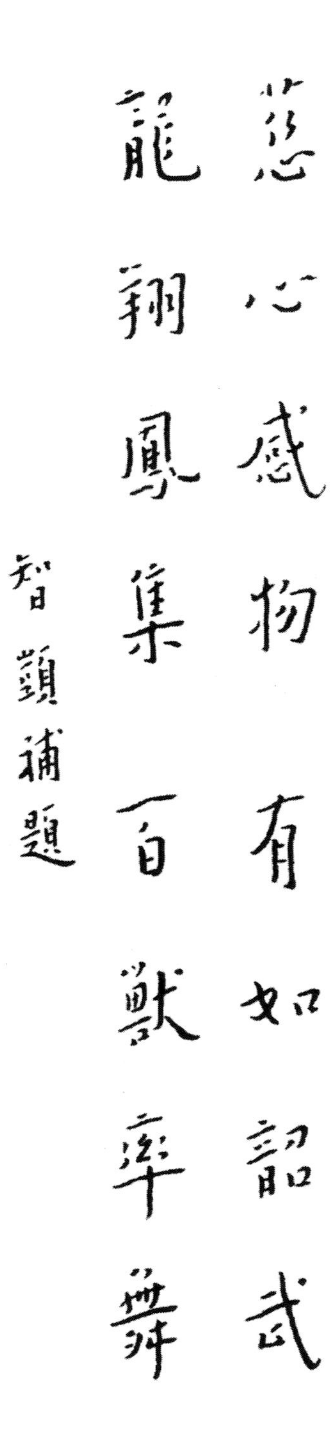
慈心感物有如韶武
龍翔鳳集百獸率舞
智顗補題

蝶之墓

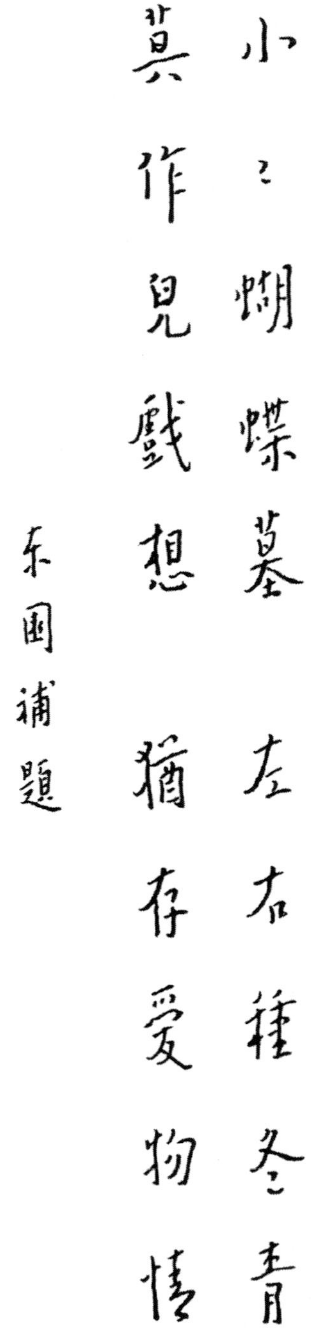

十八　蝶之墓

小小蝴蝶墓，左右種冬青。
莫作兒戲想，猶存愛物情。

——東園補題

溪邊不垂釣

十九　溪邊不垂釣

溪邊不垂釣，山中不開門。
開門山鳥驚，垂釣溪魚渾。
——（明）陳繼儒

溪邊不垂釣　山中不開门
開門山鳥驚　垂釣溪魚渾
明　陳繼儒詩

晨雞

二十　晨雞

買得晨雞共雞語，常時不用等閒鳴。
深山月黑風雨夜，欲近曉天啼一聲。

——古詩 佚名

買得晨鷄共鷄語
常時不用等閒鳴
深山月黑風雨夜
欲近曉天啼一聲
古詩佚名

風雨之夜的候門者

二十一　風雨之夜的候門者

為人看門，為人守閭。日夜皇皇，食人唾餘。
我心如矢，唯知忠義。努力負責，不希報賜。

——嬰行補題

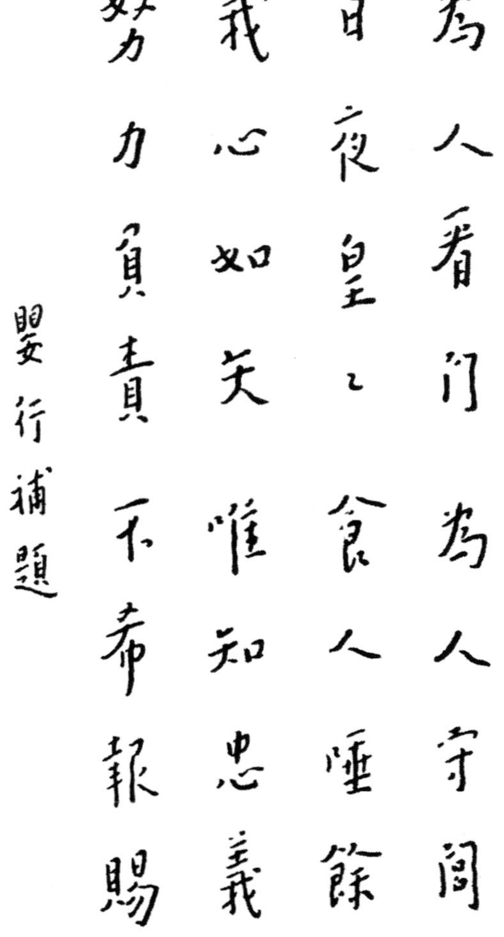
為人看门為人守閭
日夜皇皇食人唾餘
我心如矢唯知忠義
努力負責不希報賜
嬰行補題

好鳥枝頭亦朋友

二十二　好鳥枝頭亦朋友

獨坐誰相伴，春禽枝上鳴。
天籟真且美，似梵土迦陵。

——杜蘅補題

獨坐誰相伴　春禽枝上鳴
天籟真且美　似梵土迦陵
杜蘅補題

餘糧及鷄犬

二十三　餘糧及雞犬

一川草長綠，四時那得辨。
短褐衣妻兒，餘糧及雞犬。

——（唐）丘為

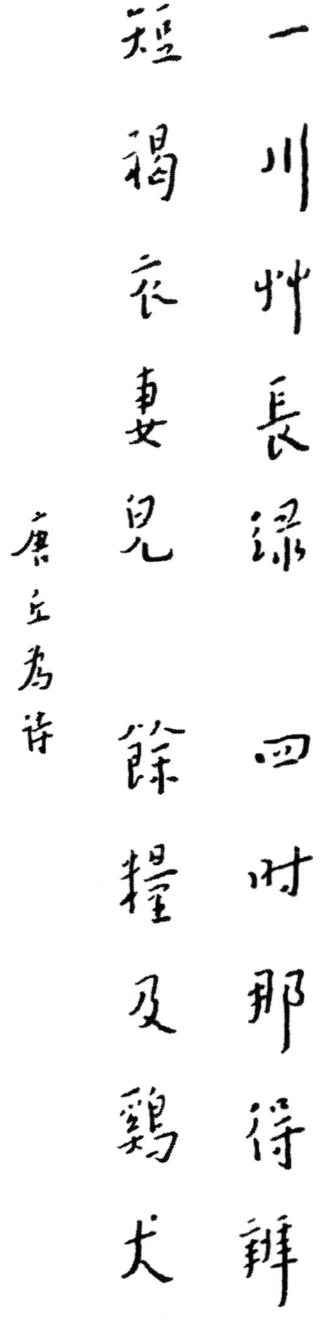

牛的星期日

二十四　牛的星期日

耕牛雖異類，好逸與人同。
願得星期日，閑眠楊柳風。

——智顗補題

耕牛雖異類　好逸与人同
願得星期日　閑眠楊柳風
智顗補題

螞蟻搬家

二十五　螞蟻搬家

牆根有群蟻，喬遷向南岡。元首為嚮導，民眾扛餱糧。
浩蕩復迤邐，橫斷路中央。我為取小凳，臨時築長廊。
大隊廊下過，不怕飛來殃。

——子愷補題

牆根有群蟻　喬遷向南岡
元首為嚮導　民眾扛餱糧
浩蕩復迤邐　橫斷路中央
我為取小凳　臨時築長廊
大隊廊下過　不怕飛來殃
子愷補題

呦呦鳴鹿得食相呼

二十六　呦呦鳴鹿　得食相呼

帶箭不驚，得食相呼。
靈氣所鐘，美德永敷。
——嬰行補題

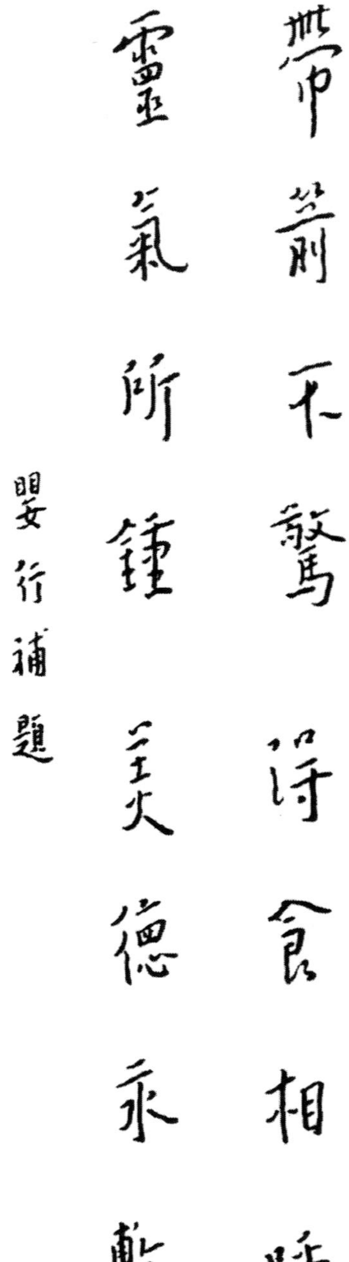
帶箭不驚得食相呼
靈氣所鍾美德永敷
嬰行補題

關關雎鳩男女有別

二十七　關關雎鳩　男女有別

雎鳩在河洲，雙雙不越軌。
美哉造化工，禽心亦知禮。

——學童補題

雎鳩在河洲　雙ㄟ不越軌
美哉造化工　禽心亦知礼

學童補題

雞護狗子

二十八　雞護狗子

家有乳狗出求食，雞來哺其兒。
啄啄庭中覓草子，哺子不食聲鳴悲。
徘徨彳亍久不去，以翼來覆待狗歸。

——（唐）韓愈

家有乳狗出求食　鷄來哺其兒
啄々庭中覓艸子　哺子不食聲鳴悲
彷徨彳亍久不去　以翼來覆待狗歸

唐韓愈詩

綢繆牖户

二十九　綢繆牖戶

翩翩雙飛鳥，作室高樹巔。我欲勸此鳥，遷居南窗前。
鳥說遷不得，近人心未安。若遷窗前住，為恐人摧殘。
我聞此鳥語，羞慚不可言。誓從今日後，普結眾生緣。

——智顗補題

翩翩雙飛鳥作室高樹巔
我欲勸此鳥遷居南窗前
鳥說遷不得近人心未安
若遷窗前住為恐人摧殘
我聞此鳥語羞慚不可言
誓從今日後普結眾生緣
智顗補題

忠僕

三十　忠僕

六畜之中，
有功於世而無害於人者，
惟牛與犬，尤不可食。
——《人譜》

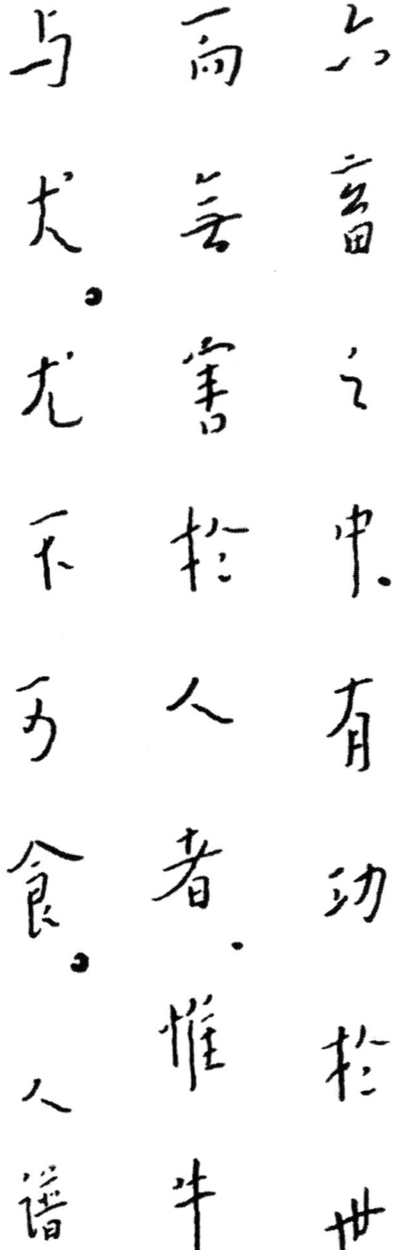
六畜之中、有功於世
而無害於人者、惟牛
與犬。尤不可食。人譜

方長不折

三十一　方長不折

道旁楊柳枝，青青不可攀。回看攀折處，傷痕如淚潸。
古人愛生物，仁德至今傳。草木未搖落，斧斤不入山。

——嬰行補題

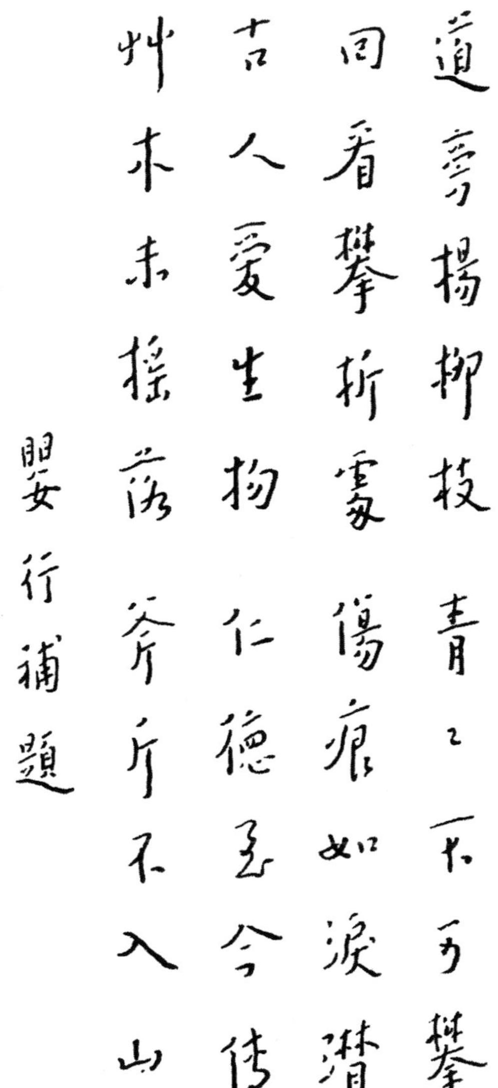
道旁楊柳枝青〻不可攀
回看攀折處傷痕如淚潸
古人愛生物仁德至今傳
艸木未搖落斧斤不入山
嬰行補題

重生

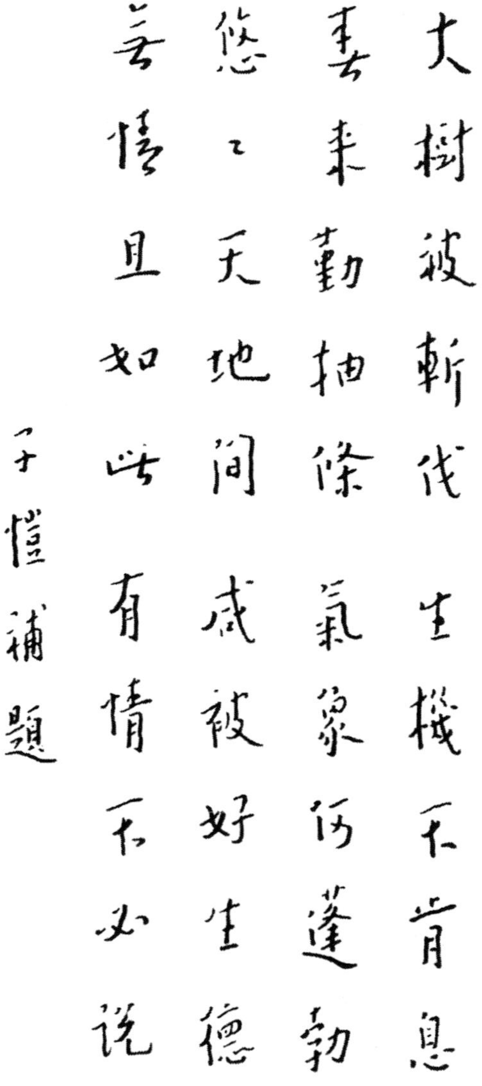

三十二　重生

大樹被斬伐，生機不肯息。春來勤抽條，氣象何蓬勃。
悠悠天地間，咸被好生德。無情且如此，有情不必說。

——子愷補題

青草

三十三　春草

草妨步則薙之，木礙冠則芟之。其他任其自然，相與同生天地之間，亦各欲遂其生耳。

——《人譜》

艸妨步則薙之、木礙冠則芟之。其他任其自然、相与同生天地之間、亦各欲遂其生耳。

人譜

大樹王

三十四　大樹王

遙知此去棟梁材，無復清陰覆綠苔。
只恐月明秋夜冷，誤他千歲鶴歸來。

——《隨園詩話》

遙知此去棟梁材
無復清陰覆綠苔
只恐月明秋夜冷
誤他千歲鶴歸來
隨園詩話

猿的歸寧

三十五　猿的歸寧

放爾丁寧復故林，舊來行處好追尋。月明巫峽堪鄰靜，路隔巴山莫厭深。
棲宿免勞青嶂夢，躋攀應愜白雲心。三秋松子纍纍熟，任抱高枝採不禁。
——（唐）王仁裕

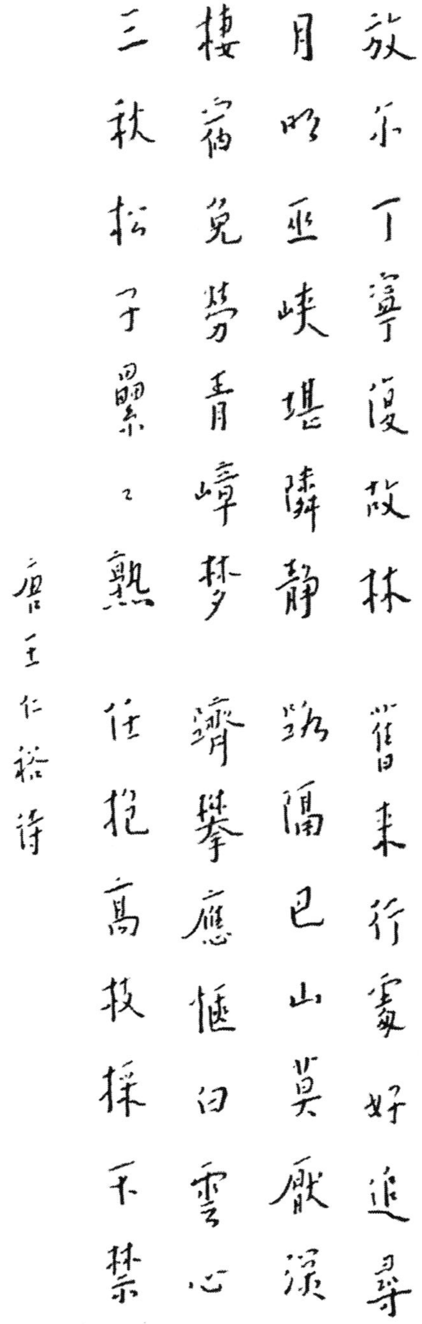
放爾丁寧復故林舊來行處好追尋
月明巫峽堪鄰靜路隔巴山莫厭深
棲宿免勞青嶂夢躋攀應愜白雲心
三秋松子纍纍熟任抱高枝採不禁
唐王仁裕詩

折竿主簿

三十六　折竿主簿

程明道為上元主簿。始至邑，見人持黏竿以傷宿鳥。公取竿折之，教使勿為。及任滿，停舟郊外，聞數人共語曰：「此折竿主簿也。」鄉民子弟自此不敢弋取宿鳥者數年矣。

——《人譜》

程明道為上元主簿。始至邑、見人持黏竿以傷宿鳥。公取竿折之、教使勿為。及任滿、停舟郊外。聞數人共語曰、此折竿主簿也。鄉民子弟自此不敢弋取宿鳥者數年矣。

人譜

一犬不至

三十七　一犬不至

江州陳氏，宗族七百口。每食設廣席，長幼以次坐而共食之。有畜犬百餘，同飯一牢，一犬不至，諸犬為之不食。

——《人譜》

江州陳氏、宗族七百口、每食設廣席、長幼以次坐而共食之。有畜犬百餘、同飯一牢。一犬不至、諸犬為之不食。

人譜

鯉魚救子

三十八　鯉魚救子

劉子璵竭塘取魚，放水將半，有二大鯉躍出堰外，復躍入，如是再三。子璵異之，因觀堰內有小鯉數百不得出，故二鯉往救，寧身陷死地不顧也。子璵歎息，悉出堰放魚。

——《人譜》

劉子璵竭塘取魚、放水將半、有二大鯉躍出堰外、復躍入、如是再三。子璵異之、因觀堰內有小鯉數百不得出、故二鯉往救、寧身陷死地不顧也。子璵嘆息、悉出堰放魚。

人譜

烹鱔

三十九　烹鱔

學士周豫嘗烹鱔，見有彎向上者，剖之，腹中皆有子。乃知曲身避湯者，護子故也。自後遂不復食鱔。

——《人譜》

學士周豫嘗烹鱔，見有彎向上者，剖之，腹中皆有子。乃知曲身避湯者，護子故也。自後遂不復食鱔。人譜

母羊自救

四十　母羊自殺

宋真宗祀汾陰日，見一羊自觸道左，怪問之，對曰：「今日尚食殺其羔，故爾如此。」真宗聞之慘然，自是不殺羊羔。

——《人譜》

尚食者，司食官名。

宋真宗祀汾陰日、見一羊自觸道左、怪問之。對曰、今日尚食殺其羔、故爾如此。真宗聞之慘然、自是不殺羊羔。

人譜　尚食者司食官名

桓山之鳥

四十一　桓山之鳥

桓山之鳥生四子，羽翼既成，將分於四海，其母悲鳴而送之，哀其往而不返也。

——《孔子家語》

桓山之鳥生四子，羽翼既成，將分於四海。其母悲鳴而送之，哀其往而不返也。

孔子家語

綠滿窗前艸不除

四十二　綠滿窗前草不除

程明道窗前茂草覆砌。或勸之芟。明道曰：「不可，欲常見造化生意。」又置盆池，畜小魚數尾，時時觀之，或問其故。曰：「欲觀萬物自得意。」

——《人譜》

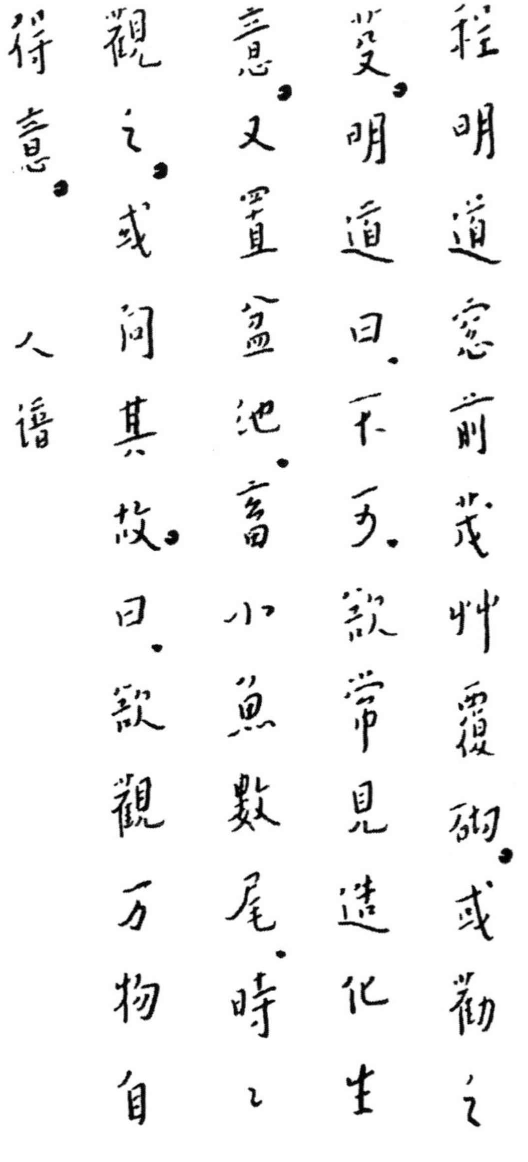
程明道窗前茂艸覆砌。或勸之
芟。明道曰。不可。欲常見造化生
意。又置盆池。畜小魚數尾。時ㄟ
觀之。或問其故。曰。欲觀万物自
得意。
人譜

初生的小鹿

四十三　初生的小鹿

陳惠度於剡山射孕鹿，既傷，產下小鹿，以舌舐子身乾，母鹿乃死。惠度見之慘然，遂棄弓矢為僧。

——《人譜》

陳惠度於剡山射孕鹿、既傷、產下小鹿、以舌舐子身乾、母鹿乃死。惠度見之慘然、遂棄弓矢為僧。人譜

啓蟄不殺

四十四　啟蟄不殺

曹武惠王性不喜殺。所居室壞，子孫請修葺。公曰：「時方大冬，牆壁瓦石之間，皆百蟲所蟄，不可傷其生。」存心愛物如此。

——《人譜》

曹武惠王性不喜殺。所居室壞，子孫請修葺。公曰，時方大冬，牆壁瓦石之間，皆百蟲所蟄，不可傷其生。存心愛物如此。人譜

孝鵝

四十五　孝鵝

唐天寶末，沈氏畜一母鵝，將死。其雛悲鳴不食，以喙取薦覆之。又銜芻草列前若祭狀，向天長號而死。沈氏義之，為作孝鵝塚。

——《人譜》

唐天寶末、沈氏畜一母鵝、將死。其雛悲鳴不食、以喙取薦覆之。又銜芻艸列前又銜芻艸列前若祭狀、向天長號而死。沈氏義之、為作孝鵝塚。

人譜

無聲的感謝

四十六　無聲的感謝

蘇長公曰：「予自出獄後，遂不殺一物，有餉蟹蛤者，即放江中，便令不活，亦愈於烹煎。蓋自己得出患難，不異雞鴨等脫庖廚。不忍以口腹故，使有生之類受無量恐怖耳。」

——《人譜》

蘇長公曰。予自出獄後、遂不殺一物。有餉蟹蛤者、即放江中、便令不活、亦愈於烹煎。蓋自己得出患難、不異雞鴨等脫庖廚。不忍以口腹故、使有生之類受無量恐怖耳。

人譜

已死的母熊

四十七　已死的母熊

獵人入山，以槍擊母熊，中要害，端坐不倒。近視之，熊死，足抱巨石，石下溪中有小熊三，戲於水。所以死而不倒者，正恐石落傷其子也。獵人感動，遂終身不復獵。

——軼聞

獵人入山，以槍擊母熊，中要害，端坐不倒。近視之，熊死，足抱巨石，石下溪中有小熊三，戲於水。所以死而不倒者，正恐石落傷其子也。獵人感動，遂終身不復獵。

軼聞

老馬

四十八　老馬

田子方見老馬於道，問其御曰：「此何馬也？」其御曰：「此故公家畜也，老罷而不能用，出而鬻之。」田子方曰：「少而貪其力，老而棄其身，仁者弗為也。」束帛以贖之。

——《韓非子》

田子方見老馬於道、問其御曰、此何馬也。其御曰、此故公家畜也、老罷而不能用、出而鬻之。田子方曰、少而貪其力、老而棄其身、仁者弗為也。束帛以贖之。

韓非子

垂死的犬

四十九　垂死的犬

商人攜犬，遠出索資，歸憩道旁。行時，犬忽狂吠，嚙其足。商人怒，擊之，犬負重傷而逸。商人復行。乃憶所攜錢囊遺道旁，因悟犬吠嚙足意。急返憩處，見犬抱錢囊臥，目視商人，長號一聲而死。

——軼聞

商人携犬、遠出索資、歸憩道旁。行時、犬忽狂吠、嚙其足。商人怒、擊之、犬負重傷而逸。商人復行、乃憶所携錢囊遺道旁。因悟犬吠嚙足意。急返憩處、見犬抱錢囊臥、目視商人、長號一聲而死。

軼聞

敝衣不棄為埋豬也

五十　敝衣不棄為埋豬也

敝帷埋馬，敝蓋埋狗。
敝衣埋豬，於彼南畝。

——學童補題

敝帷埋馬敝蓋埋狗
敝衣埋豬於彼南畝
學童補題

鷸蚌相覩

五十一　鷸蚌相親

世間有漁翁，鷸蚌始相爭。
若無殺生者，鷸蚌自相親。

——即仁補題

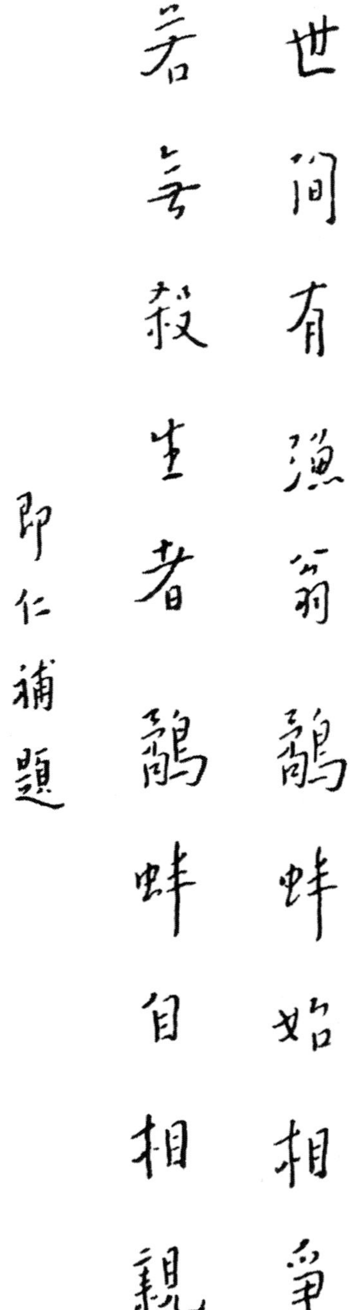

世間有漁翁
鷸蚌始相爭
若無殺生者
鷸蚌自相親
即仁補題

解放

五十二　解放

至誠所感，金石為開。
至仁所感，貓鼠相愛。
——學童補題

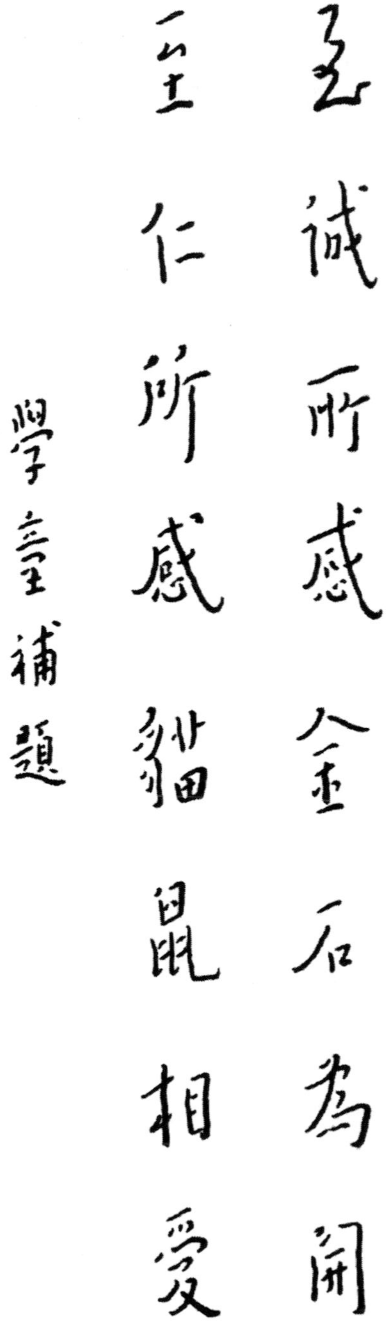
至誠所感金石為開
至仁所感貓鼠相愛
學童補題

羣魚

五十三　群魚

來時萍藻歡迎，去處水天浩蕩。
臨淵樂與魚同，不必退而結網。
——子愷補題

來时萍藻歡迎　去處水天浩蕩
臨淵樂与魚同　不必退而結網
子愷補題

羣鷗

五十四　群鷗

海不厭深，山不厭高，
積德行仁，鷗鳥可招。
——東園補題

海不厭深山不厭高
積德行仁鷗鳥可招
东園補題

歸市

五十五　歸市

爾不害物，物不害爾。
殺機一去，饑虎可尾。

——即仁補題

爾不害物物不害爾
殺機一去飢虎可尾
即仁補題

采藥

五十六　採藥

攜兒謁長老，路遇靈山腳。
老蟒有好意，贈我長生藥。
——學童補題

攜兒謁長老路遇靈山腳
老蟒有好意贈我長生藥
學童補題

游山

五十七　遊山

眾生惡殘暴，萬物樂仁慈。
不嗜殺人者，遊山可跨獅。
——嬰行補題

眾生惡殘暴萬物樂仁慈
不嗜殺人者遊山可跨獅
嬰行補題

麟在郊野

五十八　麟在郊野

有麟有麟在郊野，狼額馬蹄善踴躍。
不踐生草不履蟲，雖設武備不侵略。
——子愷補題

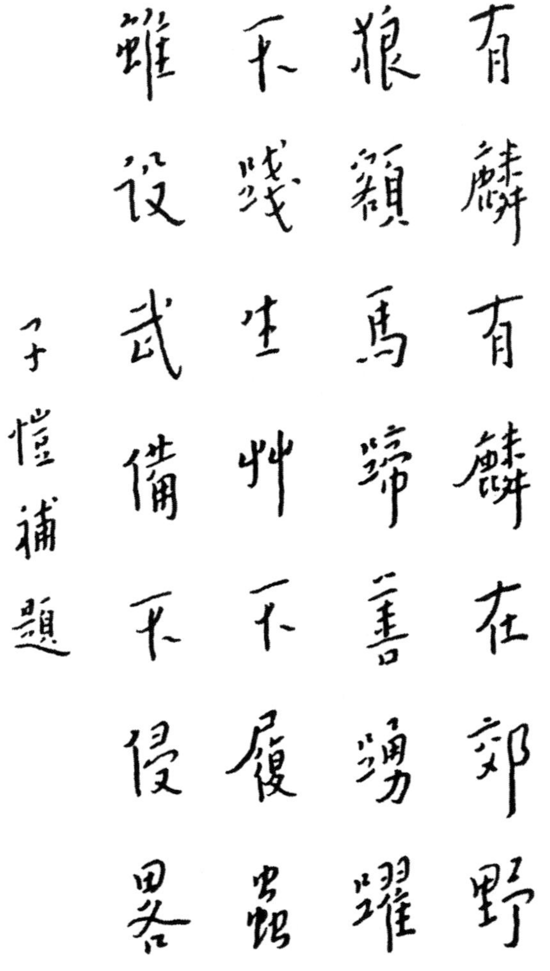
有麟有麟在郊野
狼額馬蹄善踴躍
不踐生草不履蟲
雖設武備不侵略
子愷補題

麟在郊野

五十九　鳳在列樹

鳳鳥來儀，兵戈不起。
偃武修文，萬邦慶喜。
鳳兮鳳兮，何德之美。
——即仁補題

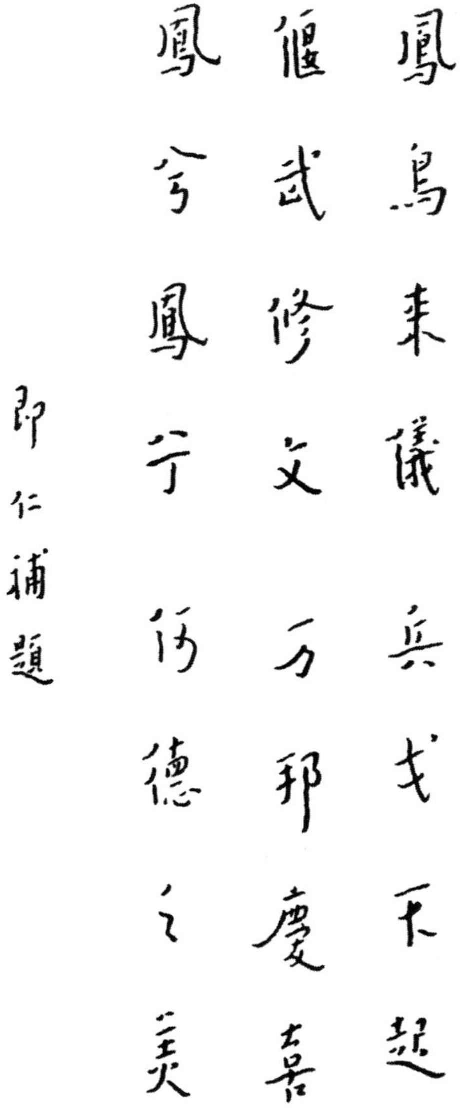
鳳鳥来儀　兵戈不起
偃武修文　万邦慶喜
鳳兮鳳兮　何德之美
即仁補題

楊枝净水

六十　楊枝淨水

毛道凡夫，火宅眾生。胎卵濕化，一切有情。
善根苟種，佛果終成。我不輕汝，汝毋自輕。

——（唐）白居易偈

此畫為放生儀式，與護生畫初集末頁相同，宜參觀之。

毛道凡夫　火宅衆生
胎卵濕化　一切有情
善根苟種　佛果終成
我不輕汝　汝毋自輕
唐白居易偈　此畫為放生儀式
與護生畫初集末頁相同宜參觀之

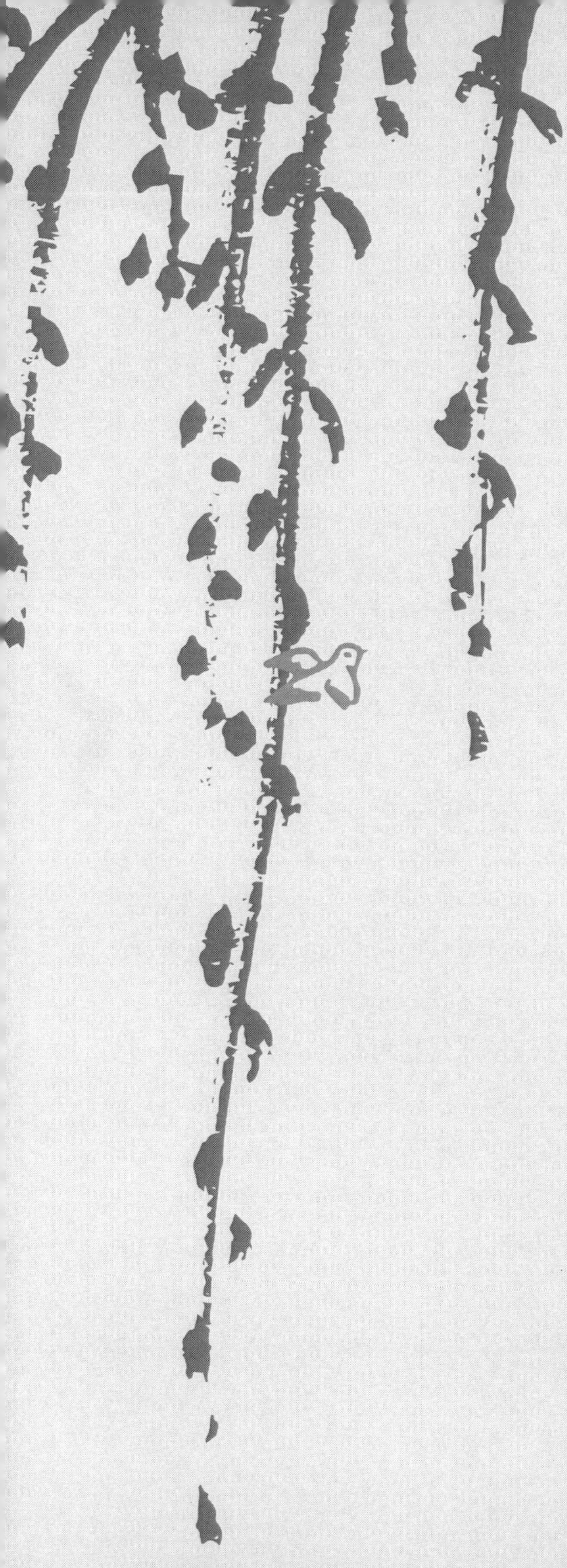

護生後記

素食以後[01]

我素食至今已七年了，一向若無其事，也不想說什麼話。這會大醒法師來信，要我寫一篇「素食以後」，我就寫些。

我看世間素食的人可分兩種，一種是主動的，一種是被動的。我的素食是主動的。其原因，我承受先父的遺習，除了幼時吃過些火腿以外，平生不知任何種鮮肉味，吃下鮮肉去要嘔吐。三十歲上，羡慕佛教徒的生活，便連一切葷都不吃，並且戒酒。我的戒酒不及葷的自然：當時我每天喝兩頓酒，每頓喝紹興酒一斤以上。突然不喝，生活上缺少了一種興味，頗覺異樣。但因為有更大的意志的要求，戒酒後另添了種生活興味，就是持戒的興味。在未戒酒時，白天若得兩頓酒，晚上便會歡喜滿足地就寢；在戒酒之後，白天若得持兩會戒，晚上也會歡喜滿足地就寢。性質不同，其為興味則一。但不久我的戒酒就同除葷一樣地若無其事。我對於「綠蟻新醅酒，紅泥小火爐。晚來天欲雪，能飲一杯無？」一類的詩忽然失卻了切身的興味。但在另一類的詩中也獲得了另一種切身的興味。這種興味若何？一言難盡，大約是「無花無酒過清明」的野僧的蕭然的興味罷。

被動的素食，我看有三種：第一種是營業僧的吃素。營業僧這個名詞是我擅定的，就是指專為喪事人家誦經拜懺而每天賺大洋兩角八分（或更多，或更少，不定）的工資的和尚。這種和尚有的是顛沛流離生活無著而做和尚的，有的是幼時被窮困的父母以三塊錢（或更多，或更少，不定）一歲賣給寺裡做和尚的。大都不是自動地出家，因之其素食也被動：平時在寺廟裡竟公開地吃葷酒，到喪事人家做法事，勉強地吃素；有許多地方風俗，最後一餐，喪事人家也必給和尚們吃葷。第二種是特殊時期的吃

01　本文為豐子愷所作。——編者注

素，例如父母死了，子女在頭七[02]裡吃素，孝思更重的在七七[03]裡吃素。又如近來浙東大旱，各處斷屠，在斷屠期內，大家忍耐著吃素。雖有真為孝思所感而棄絕葷腥的人，或真心求上蒼感應而虔誠齋戒的人，但多數是被動的。第三種是窮人的吃素。窮人買米都成問題，有飯吃大事已定，遑論菜蔬？他們既有菜蔬，真個是「菜蔬」而已。現今鄉村間這種人很多，出市，用三個銅板買一塊紅腐乳帶回去，算是為全家辦盛饌了。但他們何嘗不想吃魚肉？是窮困強迫他們吃素食的。

世間自動的素食者少，被動的素食者多。而被動的原動力往往是災禍或窮困。因此世間有一種人看素食一事是苦的，而看自動素食的人是異端的、神經病的，或竟是犯賤的、不合理的。

蕭伯納吃素，為他作傳的赫理斯說他的作品中女性描寫的失敗是不吃肉的緣故。我們非蕭伯納的人吃了素，也常常受人各種各樣的反對和譏諷。低級的反對者，以為「吃長素」是迷信的老太婆的事，是消極的、落伍的行為。較高級的反對者有兩派，一是根據實利的，一是根據理論的。前者以為吃素營養不足，出門不便利。後者以為一滴水中有無數微生物，吃素的人都是掩耳盜鈴；又以為動物的供食用合於天演淘汰之理，全世界人不食肉時，禽獸將充斥世界為人禍害；而持殺戒者不殺害蟲，尤為科學時代功利主義的信徒所反對。

對於低級的反對者，和對於實利說的反對者，我都感謝他們的好意，並設法為他說明素食和我的關係。唯有對於淺薄的功利主義的信徒的攻擊似的反對我不屑置辯。逢到幾個初出茅廬的新青年氣勢洶洶地責問我「為什麼不吃葷？」「為什麼不殺害蟲？」的時候，我也只有回答他說「不

02 頭七，指人死後第一個七天。

03 七七，指人死後七個七天，亦即四十九天。

歡喜吃，所以不吃」「不做除蟲委員，所以不殺」。功利主義的信徒，把人世的一切看作商業買賣。我的素食不是營商，便受他們反對。素食之理趣，對他們「不可說，不可說」[04]。其實我並不勸大家素食。《護生畫集》中的畫，不過是我素食後的感想的造形的表現，看不看由你，看了感動不感動更非我所計較。我雖不勸大家素食，吃素食的人近來似乎日漸多起來了。天災人禍交作，城市的富人為大旱斷屠而素食，鄉村的窮民為無錢買肉而素食。從前三餐肥鮮的人現在只得吃青菜、豆腐了。從前「無肉不吃飯」的人現在幾乎「無飯不吃肉」了。城鄉各處盛行素食，「吾道不孤」，然而這不是我所盼望的！

廿三［一九三四］年觀音誕［農曆二月十九］

04　「可說，不可說」出自《普賢菩薩行願品》，意為只可意會，不可言傳。

放生[05]

一個溫和晴爽的星期六下午，我與一青年君及兩小孩四人從裡湖雇一葉西湖船，將穿過西湖，到對岸的白雲庵去求籤，為的是我的二姐為她的兒子擇配，已把媒人拿來的八字打聽得滿意，最後要請白雲庵裡的月下老人代為決定，特寫信來囑我去求籤。這一天下午風和日暖，景色宜人，加之是星期六，人意格外安閒；況且為了喜事而去，倍覺歡欣。這真可謂天時地利人和三難合併，人生中是難得幾度的！

我們一路談笑、唱歌、吃花生米、弄槳，不覺船已搖到湖的中心。但見一條狹長的黑帶遠遠地圍繞著我們，此外上下四方都是碧藍的天和映著碧天的水。古人詩云：「春水船如天上坐」，我覺得我們在形式上「如天上坐」，在感覺上又像進了另一世界。因為這裡除了我們四人和船夫一人外，周圍都是單純的自然，不聞人聲，不見人影。僅由我們五人構成一個單純而和平、寂寥而清閒的小世界。這景象忽然引起我一種沒來由的恐怖：我假想現在天上忽起狂風，水中忽湧巨浪，我們這小世界將被這大自然的暴力所吞滅。又假想我們的船夫是《水滸傳》裡的三阮之流，忽然放下槳，從船底抽出一把大刀來，把我們四人一一砍下水裡去，讓他一人獨佔了這世界。但我立刻感覺這種假想的沒來由。天這樣晴明，水這樣平靜，我們的舟子這樣和善，況且白雲庵的粉牆已像一張卡片大小地映入我們的望中了。我就停止妄想，和同坐的青年閒談遠景的看法，雲的曲線的畫法。坐在對方的兩小孩也回轉頭去觀察那些自然，各述自己所見的畫意。

忽然，我們船旁的水裡轟然一響，一件很大的東西從上而下，落入坐

05　本文為豐子愷所作。——編者注

在我旁邊的青年的懷裡，而且在他懷裡任情跳躍，忽而搥他的胸，忽而批他的頰，一息不停，使人一時不能辨別這是什麼東西。在這一剎那間，我們四人大家停止了意識，入了不知所云的三昧境，因為那東西突如其來，大家全無預防，況且為從所未有的經驗，所以四人大家發呆了。這青年瞠目垂手而坐，不說不動，一任那大東西在他懷中大肆活動。他並不抱持著不抵抗主義，今所以不動，大概一則為了在這和平的環境中萬萬想不到需要抵抗；二則為了未知來者是誰及應否抵抗，所以暫時不動。我坐在他的身旁，最初疑心他發羊癲瘋，忽然一人打起拳來；後來才知道有物在那裡打他，但也不知為何物，一時無法營救。對方二小孩聽得暴動的聲音，始從自然美欣賞中轉過頭來，也驚惶得說不出話。這奇怪的沉默持續了約三四秒鐘，始被船尾上的船夫來打破，他喊道：

「捉牢，捉牢！放到後艄裡來！」

這時候我們都已認明這闖入者是一條大魚。自頭至尾約有二尺多長。它若非有意來搭我們的船，大約是在湖底裡躲得沉悶，也學一學跳高，不意跳入我們的船裡的青年的懷中了。這青年認明是魚之後，就本能地聽從船夫的話，伸手捉牢它。但魚身很大又很滑，再三擒拿，方始捉牢。滴滴的魚血染遍了青年的兩手和衣服，又濺到我的衣裾上。這青年尚未決定處置這俘虜的方法，兩小孩看到血滴，一齊對他請願：

「放生！放生！」

同時船夫停了槳，靠近他背後來，連叫：

「放到後艄裡來！放到後艄裡來！」

我聽船夫的叫聲，非常切實，似覺其口上帶著些涎沫的。他雖然靠近這青年，而又叫得這般切實，但其聲音在這青年的聽覺上似乎不及兩小孩的請願聲的響亮，他兩手一伸，把這條大魚連血拋在西湖裡了。它臨去又作一小跳躍，尾巴露出水來向兩小孩這方面一揮，就不知去向了。船艙裡的四人大家歡喜地連叫：「好啊！放生！」船艄裡的船夫隔了數秒鐘的沉默，才回到他的座位裡重新打槳，也歡喜地叫：「好啊！放生！」然而不再連叫。我在船夫的數秒鐘的沉默中感到種種的不快。又在他的不再連叫之後覺得一種不自然的空氣漲塞了我們的一葉扁舟。水天雖然這般空闊，似乎與我們的扁舟隔著玻璃，不能調劑其沉悶。是非之念充滿了我的腦中。我不知道這樣的魚的所有權應該是屬誰的。但想像這魚倘然遲跳了數秒鐘，跳進船艄裡去，一定依照船夫的意見而被處置，今晚必為盤中之肴無疑。為魚的生命著想，它這一跳是不幸中之幸。但為船夫著想，卻是幸中之不幸。這魚的價值可達一元左右，抵得兩三次從裡湖劃到白雲庵的勞力的代價。這不勞而獲的幸運得而復失，在我們的船夫是難免一會兒懊惱的。於是我設法安慰他：「這是跳龍門的鯉魚，鯉魚跳進你的船裡，你——（我看看他，又改了口）你的兒子好做官了。」他立刻歡喜了，咯咯地笑著回答我說：「放生有福，先生們都發財！」接著又說：「我的兒子今年十八歲，在 XX 衙門裡當公差，XX 老爺很歡喜他呢！」「那麼將來一定可以做官！那時你把這船丟了，去做老太爺！」船艙裡和船艄裡的人大家笑了。剛才漲塞在船裡的沉悶的空氣，都被笑聲驅散了。船頭在白雲庵靠岸的時候，大家已把放生的事忘卻。最後一小孩跨上了岸，回頭對舟子喊道：「老太爺再會！」岸上的人和船裡的人又都笑起來。我們一直笑到了月下老人的祠堂裡。

我們在月下老人的籤筒裡摸了一張「何如？子曰，同也」的籤，搭公共汽車回寓，天已經黑了。

廿四〔一九三五〕年三月二日於杭州

生機 [06]

去年除夜買的一球水仙花，養了兩個多月，直到今天方才開花。

今春天氣酷寒，別的花木萌芽都遲，我的水仙尤遲。因為它到我家來，遭了好幾次災難，生機被阻抑了。

第一次遭的是旱災，其情形是這樣：它於去年除夕到我家，當時因為我的別寓裡沒有水仙花盆，我特為跑到瓷器店去買一隻純白的瓷盤來供養它。這瓷盤很大、很重，原來不是水仙花盆。據瓷器店裡的老頭子說，它是光緒年間的東西，是官場中請客時用以盛某種特別肴饌的傢夥。只因後來沒有人用得著它，至今沒有賣脫。我覺得普通所謂水仙花盆，長方形的、扇形的，在過去的中國畫裡都已看厭了，而且形式都不及這家伙好看。就假定這傢夥是為我特製的水仙花盆，買了它來，給我的水仙花配合，形狀色彩都很調和。看它們在寒窗下綠白相映，素豔可喜，誰相信這是官場中盛酒肉的東西？可是它們結合不到一個月，就要別離。為的是我要到石門灣去過陰曆年，預期在緣緣堂住一個多月，希望把這水仙花帶回去，看它開好才好。如何帶法？頗費躊躇：叫工人阿毛拿了這盆水仙花乘火車，恐怕有人說阿毛提倡風雅；把他裝進皮箱裡，又不可能。於是阿毛提議：「盤兒不要它，水仙花拔起來裝在餅乾箱裡，攜了上車，到家不過三四個鐘頭，不會旱殺的。」我通過了。水仙就與盤暫別，坐在餅乾箱裡旅行。回到家裡，大家紛忙得很，我也忘記了水仙花。三天之後，阿毛突然說起，我猛然覺悟，找尋它的下落，原來被人當作餅乾，擱在石灰甏上。連忙取出一看，綠葉憔悴，根鬚焦黃。阿毛說：「勿礙。」立刻把它供養在家裡舊有的水仙花盆中，又放些白糖在水裡。幸而果然勿礙，過了

06　本篇曾載於 1936 年 3 月《越風》第 10 期，為豐子愷所作。——編者注

幾天它又欣欣向榮了。是為第一次遭的旱災。

第二次遭的是水災，其情形是這樣：家裡的水仙花盆中，原有許多色澤很美麗的雨花臺石子。有一天早晨，被孩子們發現了，水仙花就遭殃：他們說石子裡統是灰塵，埋怨阿毛不先將石子洗淨，就代替他做這番工作。他們把水仙花拔起，暫時養在臉盆裡，把石子倒在另一臉盆裡，掇到牆角的太陽光中，給它們一一洗刷。雨花臺石子浸著水，映著太陽光，光澤、色彩、花紋，都很美麗。有幾顆可以使人想像起「通靈寶玉」來。看的人越聚越多，孩子們尤多，女孩子最熱心。她們把石子照形狀分類，照色彩分類，照花紋分類；然後品評其好壞，給每塊石子打起分數來；最後又利用其形色，用許多石子拼起圖案來。圖案拼好，她們自去吃年糕了！年糕吃好，她們又去踢毽子了；毽子踢好，她們又去散步了。直到晚上，阿毛在牆角發現了石子的圖案，叫道：「咦，水仙花哪裡去了？」東尋西找，發現它橫臥在花台邊上的臉盆中，渾身浸在水裡。自晨至晚，浸了十來個小時，綠葉已浸得發腫、發黑了！阿毛說：「勿礙[07]。」再叫小石子給它扶持，坐在水仙花盆中。是為第二次遭的水災。

第三次遭的是凍災，其情形是這樣的：水仙花在緣緣堂裡住了一個多月。期間春寒太甚，患難迭起。其生機被這些天災人禍所阻抑，始終不能開花。直到我要離開緣緣堂的前一天，它還是含苞未放。我此去預定暮春回來，不見它開花又不甘心，以問阿毛。阿毛說：「用繩子穿好，提了去！這回不致忘記了。」我贊成。於是水仙花倒懸在阿毛的手裡旅行了。它到了我的寓中，仍舊坐在原配的盆裡。雨水過了，不開花。驚蟄過了，又不開花。阿毛說：「不曬太陽的緣故。」就掇到陽臺上，請它曬太陽。今年春寒殊甚，陽臺上雖有太陽光，同時也有料峭的東風，使人立腳不住。所

07　勿礙，意即不要緊。——編者注

以人都閉居在室內，從不走到陽臺上去看水仙花。房間內少了一盆水仙花也沒有人查問。直到次日清晨，阿毛叫了：「啊喲！昨晚水仙花沒有拿進來，凍殺了！」一看，盆內的水連底凍，敲也敲不開；水仙花裡面的水分也凍，其鱗莖凍得像一塊白石頭，其葉子凍得像許多翡翠條。趕快拿進來，放在火爐邊。久之久之，盆裡的水融了，花裡的水也融了；但是葉子很軟，一條一條彎下來，葉尖兒垂在水面。阿毛說：「烏者[08]！」我覺得的確有些兒「烏」，但是看它的花蕊還是筆挺地立著，想來生機沒有完全喪盡，還有希望。以問阿毛，阿毛搖頭，隨後說：「索性拿到灶間裡去，暖些，我也可以常常顧到。」我贊成。垂死的水仙花就被從房中移到灶間。是為第三次遭的凍災。

誰說水仙花清？它也像普通人一樣，需要煙火氣的。自從移入灶間之後，葉子漸漸抬起頭來，花苞漸漸展開。今天花兒開得很好了！阿毛送它回來，我見了心中大快。此大快非僅為水仙花。人間的事，只要生機不滅，即使重遭天災人禍，暫被阻抑，終有抬頭的日子。個人的事如此，家庭的事如此，國家、民族的事也如此。

廿五［一九三六］年三月作，曾載於《越風》

08　烏者，意即糟了。——編者注

馬一浮：護生者，護心也[09]

華嚴家言：「心如工畫師，能出一切象。」此謂心猶畫也。古佛偈云：「身從無相中受生，猶如幻出諸形相。」此謂生亦畫也。是故心生法生，文采彰矣；各正性命，變化見矣。智者觀世間，如觀畫然。心有通蔽，畫有勝劣。憂、喜、仁、暴，唯其所取。今天下交言藝術，思進乎美善。而殺機方熾，人懷怨害，何其與美善遠也！月臂大師[10]與豐君子愷、李君圓淨[11]，並深解藝術，知畫是心，因有《護生畫集》之制。子愷制畫，圓淨撰集，而月臂為之書。三人者蓋夙同誓願，假善巧以寄其惻怛，將憑茲慈力，消彼獷心。可謂緣起無礙，以畫說法者矣。聖人無己，靡所不己。情與無情，猶共一體，況同類之生乎！夫依正果報，悉由心作。其猶埏埴為器，和采在人。故品物流形，莫非生也；愛惡相攻，莫非惑也；蜎動飛沉，莫非己也；山川草木，莫非身也。以言藝術之原，孰大於此！故知生，則知畫矣；知畫，則知心矣；知護心，則知護生矣。吾願讀是畫者，善護其心。水草之念空，斯人羊之報泯。然後鵲巢可俯而窺，漚鳥可狎而至，兵無所容其刃，兕無所投其角，何復有遞相吞啖之患乎！月臂書來，屬綴一言。遂不辭葛藤，而為之識。

戊辰秋七月　蠲叟[12]書

09　原為《護生畫集》序言，馬一浮作。標題有改動。——編者注

10　指弘一大師。

11　李圓淨為居士，皈依於印光大師。

12　蠲叟，即馬一浮先生的號。

夏丏尊：護生之願[13]

弘一和尚五十歲時，子愷繪護生畫五十幅，和尚親為題詞流通，即所謂《護生畫集》者是也。今歲和尚六十之年，斯世正殺機熾盛，弱肉強食，閻浮提大半淪入劫火。子愷於顛沛流離之中，依前例續繪護生畫六十幅為壽，和尚仍為書寫題詞，使流通人間，名曰《續護生畫集》。二集相距十年，子愷作風，漸近自然，和尚亦人書俱老。至其內容旨趣，前後更大有不同。初集取境，多有令人觸目驚心不忍卒睹者。續集則一掃淒慘罪過之場面。所表現者，皆萬物自得之趣與彼我之感應同情，開卷詩趣盎然，幾使閱者不信此乃勸善之書。蓋初集多著眼於斥妄即戒殺，續集多著眼於顯正即護生。戒殺與護生，乃一善行之兩面。戒殺是方便，護生始為究竟也。

猶憶十年前和尚偶過上海，向坊間購請仿宋活字印經典。病其字體參差，行列不勻。因發願特寫字模一通，製成大小活字，以印佛籍。還山依字典部首逐一書寫，聚精會神，日作數十字，偏正肥瘦大小稍不當意，即易之。期月後書至「刀」部，忽中止。問其故，則曰：「刀部之字，多有殺傷意，不忍下筆耳。」其悲憫惻隱，有如此者。今續集選材，純取慈祥境界，正合此意。題詞或取前人成語，或為畫者及其友朋所作。間有「殺」字，和尚書寫至此，蹙額不忍之態，可以想像得之。

和尚在俗時，體素弱，自信無壽徵。日者謂丙辰有大厄，因刻一印章，曰「丙辰息翁歸寂之年」。是歲為人作書常用之。余所藏有一紙，即蓋此印章者。戊午出家以後，行彌苦而體愈健，自言蒙佛加被。今已花甲一周，曰仁者壽，此其驗歟！和尚近與子愷約，護生畫當續繪。七十歲繪

13　原為《續護生畫集》序言，夏丏尊作。標題有改動。——編者注

七十幅，刊第三集。八十歲繪八十幅，刊第四集。乃至百歲繪百幅，刊第六集。護生之願，宏遠如斯。

斯世眾生，正在槍林彈雨之中，備受苦厄。《續護生畫集》之出現，可謂契理契機，因緣殊勝。封面作蓮池沸騰狀，扉畫於蓮華間畫兵仗，沸湯長蓮華，兵仗化紅蓮。嗚呼！此足以象徵和尚之悲願矣。

夏丏尊謹序一九四〇年十月

豐子愷：我的護生觀[14]

弘一法師五十歲時（一九二九年）與我同住上海居士林，合作護生畫初集，共五十幅。我作畫，法師寫詩。法師六十歲時（一九三九年）住福建泉州，我避寇居廣西宜山。我作護生畫續集，共六十幅，由宜山寄到泉州去請法師書寫。法師從泉州來信云：「朽人七十歲時，請仁者作護生畫第三集，共七十幅；八十歲時，作第四集，共八十幅；九十歲時，作第五集，共九十幅；百歲時，作第六集，共百幅。護生畫功德於此圓滿。」那時寇勢兇惡，我流亡逃命，生死難卜，受法師這偉大的囑咐，惶恐異常。心念即在承平之世，而法師住世百年，畫第六集時我應當是八十二歲。我豈敢希望這樣的長壽呢？我覆信說：「世壽所許，定當遵囑。」

以下，關於這集中的詩，我要說幾句話：

這裡的詩文，一部分選自古人作品，一部分是我作的。第一、第二兩集，詩文的作與寫都由弘一法師負責，我只畫圖（第二集中雖有許多是我作的，但都經法師修改過）。

復次：這集子裡的畫，有人說是「自相矛盾」的。勸人勿殺食動物，勸人吃素菜。同時又勸人勿壓死青草，勿剪冬青，勿折花枝，勿彎曲小松。這豈非「自相矛盾」？對植物也要護生，那麼，菜也不可割，豆也不可採，米麥都不可吃，人只得吃泥土砂石了！泥土砂石中也許有小動物、植物，人只得餓死了！——曾經有人這樣質問我，我的解答如下：

護生者，護心也（初集馬一浮先生序文中語）。去除殘忍心，長養慈悲心，然後拿此心來待人處世。——這是護生的主要目的。故曰：「護生者，護心也。」詳言之：護生是護自己的心，並不是護動植物。再詳言之，

14　原文是豐子愷為《護生畫集》第三冊寫的序言，此文略有刪減。標題有改動。——編者注

殘殺動植物這種舉動，足以養成人的殘忍心，而把這殘忍心移用於同類的人。故護生實在是為人生，不是為動植物。普勸世間讀此書者，切勿拘泥字面。倘拘泥字面，而欲保護一切動植物，那麼，你開水不得喝，飯也不得吃。因為用放大鏡看，一滴水中有無數微生蟲和細菌。你燒開水燒飯時都把它們煮殺了！開水和飯都是葷的！故我們對於動物的護生，即使吃長齋，也是不徹底，也只是「眼勿見為淨」，或者「掩耳盜鈴」而已。然而這種「掩耳盜鈴」，並不傷害我們的慈悲心，即並不違背「護生」的主要目的，故正是正當的「護生」。至於對植物呢，非不得已，非必要，亦不可傷害。因為非不得已、非必要而無端傷害植物（例如散步園中，看見花草隨手摘取以為好玩之類），亦足以養成人的殘忍心。此心擴充起來，亦可以移用於動物，乃至同類的人。割稻、採豆、拔蘿蔔、掘菜，原來也是殘忍的行為。天地創造這些生物的本意，絕不是為了給人割食。人為了要生活而割食它們，是不得已的，是必要的，不是無端的。這就似乎不覺得殘忍。只要不覺得殘忍，不傷慈悲，我們護生的主要目的便已達到了，故我在這畫集中勸人素食，同時又勸人勿傷害植物，並不衝突，並不矛盾。

英國文學家蕭伯納是提倡素食的。有一位朋友質問他：

「假如我不得已而必須吃動物，怎麼辦呢？」蕭翁回答他說：「那麼，你殺得快，不要使動物多受苦痛。」這話引起了英國素食主義者們的不滿，大家攻擊蕭伯納的失言。我倒覺得很可原諒。因為我看重人。我的提倡護生，不是為了看重動物的性命，而是為了看重人的性命。假如動物毫無苦痛而死，人吃它的三淨肉，其實並不殘忍，並不妨害慈悲。不過「殺得快」三字，教人難於信受奉行耳。由此看來，蕭伯納的護生思想，比我的護生思想更不拘泥，更為廣泛。蕭伯納對於人，比我更加看重。「眾生平等，皆具佛性」，在嚴肅的佛法理論說來，我們這種偏重人的思想，是不精深的，是淺薄的，這點我明白知道。但我認為，佛教的不發達、不振作，是為了教義太嚴肅、太精深，使末劫眾生難於接受之故。應該多開方便之門，多多通融，由淺入深，則弘法的效果一定可以廣大起來。

由我的護生觀，講到我的佛教觀。是否正確，不敢自信。尚望海內外大德有以見教。

民國三十八〔一九四九〕年六月於上海

護生畫集

作　　者：豐子愷，弘一法師
編　　輯：劉芸
發 行 人：黃振庭
出 版 者：崧燁文化事業有限公司
發 行 者：崧燁文化事業有限公司
E-mail：sonbookservice@gmail.com
粉 絲 頁：https://www.facebook.com/sonbookss/
網　　址：https://sonbook.net/
地　　址：台北市中正區重慶南路一段六十一號八樓 815 室
Rm. 815, 8F., No.61, Sec. 1, Chongqing S. Rd., Zhongzheng Dist., Taipei City 100, Taiwan
電　　話：(02)2370-3310
傳　　真：(02)2388-1990
印　　刷：京峯彩色印刷有限公司（京峰數位）
律師顧問：廣華律師事務所 張珮琦律師

定　　價：450 元
發行日期：2022 年 12 月第一版
◎本書以 POD 印製

國家圖書館出版品預行編目資料

護生畫集 / 豐子愷，弘一法師著 . -- 第一版 . -- 臺北市：崧燁文化事業有限公司 , 2022.12
面；　公分
POD 版
ISBN 978-626-332-948-5(平裝)
1.CST: 佛教藝術 2.CST: 書畫 3.CST: 作品集
224.52　111018845

電子書購買

臉書